도전하고 공구어
하나님의 놀라운 은혜를
경험하길 진심으로 소망합니다.
사랑하고 축복합니다.

현 승 원 드림

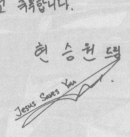

네 마음이 어디 있느냐

네 마음이
어디
있느냐

FOR WHERE
YOUR TREASURE IS,
THERE YOUR
HEART WILL
BE ALSO

현승원 지음

BUT STORE UP
FOR YOURSELVES
TREASURES
IN HEAVEN

규장

내 생각을
뛰 어 넘 어
인 도 하 시 다

나는 이십 대에 내 맘대로
'인터넷 스타강사'라는 목표를 세웠다.
그런데 하나님은 '쓰리제이에듀'(현 에이닷)라는
새로운 모델로 교육회사를 세우게 하셨다.
회사는 급속도로 성장했고
나는 상장(上場)을 계획했지만, 끝내 엎어졌다.
그때도 그분은 더 놀라운 방향으로 이끄셨다.
이 모든 과정이 하나님의 큰 그림이라면
앞으로 또 어떤 일들이 기다릴지 기대가 크다.

성경 속 기드온 이야기는 읽을 때마다 감격스럽다.

기드온의 군사는 처음에 3만2천 명이었다.

이 정도면 미디안 군대와 싸워볼 만했다.

그러나 하나님의 생각은 다르셨다.

이대로 기드온 군대가 승리했다가는

"이스라엘이 나를 거슬러 스스로 자랑하기를

내 손이 나를 구원하였다 할까" 염려하셨다.

그래서 기드온의 용사를 단 300명만 남기셨다.

인간적인 힘과 전술을 다 빼신 후에

적군이 "메뚜기 떼처럼" 득실대고

"바닷가의 모래알처럼 헤아릴 수 없이" 많은

적진으로 보내셨다.

그뿐인가,

칼이 아닌 나팔과 빈 항아리를 들리시고,

그 속에 횃불을 감추게 하셨다.

그리고 전투가 시작되자

나팔을 불고 항아리를 깨뜨리며

소리만 지르게 하셨다.

어떤 병법서에서도 볼 수 없는 이색적이고도

신비한 전투가, 아니 광경이 펼쳐졌다.

기드온과 그가 거느리는 군사 백 명이 적진의 끝에 다다른 것은,

미디안 군대의 보초가 교대를 막 끝낸 한밤중이었다.

그들은 나팔을 불며 손에 든 항아리를 깨뜨렸다.

세 부대가 모두 나팔을 불며 단지를 깨고,

왼손에는 햇불을 들고, 오른손에는 나팔을 들고 불면서

"주님의 칼이다! 기드온의 칼이다!" 하고 외쳤다.

그리고 그들이 저마다 제자리에 서서 적진을 포위하니,

적군은 모두 아우성치며 달아났다.

삼백 명이 나팔을 불 때에,

주님께서 모든 적들이 저희들끼리 칼로 치게 하셨다.

적군은 도망하여, 스레라의 벳싯다와 또 답밧에 가까운

아벨므홀라의 경계선까지 후퇴하였다.

삿 7:19-22 새번역

기드온의 용사들이 나팔을 불며 주님을 찬양하자
미디안 군사들은 혼비백산하여 달아나다가
자기들끼리 칼로 치며 자멸(自滅)했다.
주님은 아주 참신한 방법으로
기드온에게 승리를 안겨주셨다.
주님의 전략도 놀랍지만
기드온의 용사들이 메뚜기 떼 같은 적진을 향해
나팔과 항아리만 들고 진격한 것도 대단하다.
기드온의 리더십이 발동한 건지,
주님이 도우실 거란 확신으로 나아갔는지는 알 수 없으나
'진짜 믿음'이 무엇인지를 보여주는
대목임은 확실하다.

광야에 길을, 사막에 강을 내시는 분이
우리 주님이시다.
이 주님이 나를 어떻게든 살리실 거란
'깡다구'를 갖춘 사람은
사막이나 강에 던져져도 죽지 않는다.
광야 길에서도 나를 지키시는
그분의 음성에 순종하여 가다 보면
주님의 오아시스를 만난다.

나는 크고 작은 결정의 순간에 놓일 때,
어떤 결정이든 한두 시간 안에 내려버린다.
인생이 걸린 결정도 후다닥 해치우는 수준이다.
'이게 맞나, 저게 좋을까' 고민하며 질질 끌지 못한다.
결정할 때 무엇이 가장 중요한지 알기 때문이다.

큰 결정을 앞두고 늘 기도한다.

그러면 하나님께서

'네 마음과 중심이 어디 있느냐'라고 물으신다.

여기서 나는 답을 발견한다.

어떤 선택을 하든 내 마음의 중심이

주님을 향해 있는지 아니면 나를 향해 있는지,

하나님을 사랑하며 그분 앞에서 정직한지를

점검하는 게 가장 중요함을 깨닫는다.

내 힘만으로 여기까지 왔다면

하나님을 제쳐놓고 스스로 탁월하다고 여겼을 텐데,

애석하게도 내 실체를 알기에

모든 게 하나님의 도우심이었음을

고백할 수밖에 없다.

그래서 목숨 걸고 지키는 한 가지가 있다.

바로 '하늘의 능력을 끌어다 쓰는 것'이다.

아무리 바빠도 하나님과 교제하는 시간을 사수한다.

모든 미팅이나 회의 전에 그분과 짧게라도 교제한다.

하던 일을 내려놓고 온 마음을 하나님께 집중하여,

그분의 음성에 귀 기울인다.

'하나님, 오늘 이 만남을 이끌어주세요.

제 완악하고 교만한 마음이

하나님의 인도하심을 가로막지 않게 해주세요.

제 입술과 마음을 주관해주세요.

하나님의 역사를 기대합니다.'

이 짧은 간구에도

하나님은 생각지 못한 은혜를 부어주신다.

기발한 아이디어를 떠올려주시고,

계약이 기대 이상으로 성사되게 하시며,

새로운 비전을 보여주신다.

만나는 사람에게 하나님을 전하면

복음을 거의 다 받아들이는 기적이 일어난다.
빡빡한 일정 중에도
하나님과 오롯이 만나는 그 시간은
하늘의 능력이 내게 부어지는 통로이다.
잡념으로 가득 찬 머리를 비워내고
하나님께 집중할 때 평안이 차오른다.
나를 괴롭히던 욕심과 교만이 밀려 나가고
하늘의 지혜와 그분의 선하신 뜻이 채워진다.
이 책은 그런 내밀한 시간의 기록이다.

늘 내 계획보다 놀랍게 역사하시는 하나님께서
이 책을 통해 이루실 일을 기대하며
먼저 감사를 올려드린다.

$\underset{\text{PART}}{2}$ 나와 다른 길을 계획하시는 하나님

3
PART

청지기 경영 훈련

PART 1

꿈을
향한
열심

믿음으로 사는 가정

자존감이
하늘을 찌르던 아이

부모님은 여러 번의 유산 끝에 결혼 5년 만에 나를 가졌다. 그런데 임신한 지 얼마 안 되어 어머니가 하혈을 시작했다. 초음파가 없던 시절이라 병원에서는 아기가 잘못됐을 수도 있다고 했지만, 어머니는 오직 기도로 임신 기간을 힘겹게 버텼다. 그리고 마침내 4.2킬로그램의 우량아를 출산했다.

오랜 시간 함께 기도해온 아이가 태어나자 가족은 물론이고 온 교인이 기뻐하며 축복해주었다. 나는 가는 곳마다 사람들의 주목과 큰 사랑을 받았다.

"네가 승원이니?"

"그렇게 힘들게 나온 그 아이구나~."

그래서 나는 스스로 '매우 특별하고 대단한 사람'이라고 생각하며 자랐다.

집과 교회에서 나는 기쁨 그 자체였다. 아버지 형제들의 자녀 중 내가 첫아들이어서 백일잔치와 돌잔치를 다섯 번 정도 치렀다고 한다. 여느 아이들보다 몇 배나 큰 사랑과 관심을 한몸에 받으며 자라다 보니, 나는 월등히 높은 자존감과 자신감을 장착한 아이로 성장했다.

적어도 초등학생이 될 때까지는….

초등학교에 입학하고 학교 성적이 나오자 어머니의 잔소리가 시작됐다. 그 모습을 본 사람들이 "어머, 승원이도 혼내?"라고 할 정도로 많이 혼났지만 내 자존감은 끄떡없었다.

어느 날, 학교에서 시험을 치르고 집에 왔는데 어머니가 점수가 적힌 시험지를 보더니 한숨을 쉬며 말했다.

"승원아, 다음엔 문제를 급하게 풀지 말고 천천히 읽어봐."

다음 시험은 국어와 바른생활로 50분 동안 두 과목을 각각 20문제씩 풀어야 했다. 나는 앞에 놓인 두 장의 시험지를 응시하며 어머니 말을 되새겼다.

'그래, 엄마 말대로 천천히 읽어보자.'

국어 시험지부터 아주 천천히 읽어내려갔다. 웬일인지 마음이 편했고 문제도 술술 풀리는 것 같았다. 무사히 국어를 마치고 뿌듯한 마음으로 바른생활 시험지를 펼쳤다. 그런데 1번을 풀자마자 종소리와 함께 선생님의 목소리가 들렸다.

"손 머리~ 맨 뒷사람 시험지 걷어와~."

결과는 참담했다. 국어는 75점이었고, 바른생활은 5점으로, 개교 이래 처음으로 한 자릿수 점수를 받은 학생으로 등극했다.

나는 억울하고 속이 상해서 집에 와 어머니에게 따졌다.

"엄마가 천천히 읽으라고 했잖아요!"

어머니는 할 말을 잃은 듯 쳐다보았고, 나는 계속 씩씩거렸다.

정말이지 공부에는 대책이 없는 아이였다. 그런 나도 자신 있는 게 있었는데, 바로 예수님을 사랑하는 마음이었다. 예수님이 이 땅에 다시 오실 때 그분을 가장 사랑하는 사람을 등수로 매긴다면 전 세계에서 3위 안에 들 자신이 있었다.

주일에 교회에 가는 게 너무나 좋았고, 주일학교 전도사님에게 들은 설교가 좋아서 담임목사님에게 알려드리곤 했다. 목사님은 "내 앞에서 설교하는 애는 네가 처음이구나"라며 껄껄 웃었다. 천국은 어린아이와 같은 자가 들어간다는 말씀이 '바로 내 얘기'라고 생각했다.

어머니는 공부도 못하면서 믿음만 좋은 나를 탐탁지 않게 여겼다. 하지만 그런 따가운 시선이 아무렇지 않을 만큼 누가 뭐래도 나는 예수님을 사랑했고, 나 자신을 사랑했다. 내가 예수님을 사랑하고, 그분이 나를 사랑하신다는 것만으로도 이미 세상을 다 가진 기분이었다. 예수님은 내 삶의 전부였고, 당연히 내 꿈은 '목사님'이었다.

가정에 분
성령의 바람

이런 내 신앙에 지대한 영향을 미친 부모님에 대해 잠깐 설명하겠다. 어머니는 3대째 크리스천 가문에서 자랐다. 특히 외할아버지는 유교 문화가 뿌리 깊은 집안의 8대 종손이었지만, 종손의 모든 권한을 뺏기면서까지 신앙을 지켰다.

외할아버지와 외할머니의 피나는 노력 끝에 외가에는 제사를 비롯한 반기독교적인 풍습이 끊어졌고 예배 문화가 자리 잡았다.

반면 친가에는 신앙을 가진 사람이 거의 없었다. 명절만 되면 온 식구가 모여 화투와 음주 가무를 즐기는 풍경이 몹시 자연스러웠다. 유일하게 아버지만 초등학교 때 친구 따라 교회에 가끔 다니다가 신실한 어머니와 결혼한 뒤로 교회에 열심히 출석했다. 하지만 하나님과의 인격적인 교제보다는 열정과 성실이 앞서는 신앙생활에 머물렀다.

그런데 내가 초등학교 2학년 무렵, 부모님이 14년간 섬기던 교회에서 목사님과 장로님이 크게 다투는 일이 벌어졌다. 그 사건에 어느 정도 얽혀있던 부모님은 그동안 열정적으로 헌신하던 교회에 분란이 일자 큰 상처를 받았다. 그래서 주일에 교회만 다녀오면 기쁨과 평안이 아닌 짜증과 화가 가득했고, 어머니는 "차라리 성당으로 가자!"라며 속상해했다.

그즈음 아버지는 툭하면 코피를 쏟았다. 지혈이 안 될 정도로 심각했지만 병원에서는 원인을 밝히지 못했다. 설명할 수 없는 몸의 이상 증세는 다름 아닌 교회의 다툼과 분열로 인한 극심한 스트레스 때문이었다.

손쓸 수 없는 문제에 맞닥뜨린 아버지에게 하나님께서 돌파구를 열어주셨다. 아버지의 친구를 통해 예수전도단 BEDTS(직장인과 주부를 대상으로 하는 예수전도단의 훈련 프로그램)를 받게 하셨다.

이를 기점으로 우리 가정에 새로운 바람이 불었다. 아버지는 영적 훈련을 본격적으로 받으며 목사님을 용서하고 마음의 결박을 풀어냈다. 심지어 내가 어렸을 때 나를 심하게 때린 일에 대해서도 진심으로 용서를 구했다.

그 후로도 내가 잘못을 저지르면 "무엇을 잘못했는지 잠시 생각하고 와라"라며 이전과 다르게 훈육했다. 얼마 뒤 어머니도 같은 훈련을 받았고, 부모님의 강권으로 나와 동생도 킹스키즈(예수전도단 청소년 훈련학교)에 지원했다.

1995년, 내 나이 11세에 강도 높은 훈련이 시작되었다.

킹스키즈,
하나님을 뜨겁게 만나다

'킹스키즈'라는 이름에 걸맞게 '왕의 자녀'가 되는 길은 험난했다. 첫 단계는 6개월의 예배 훈련이었다. 토요일마다 안양을 오가며(당시 경기도 산본에 살았다) 7-18세 아이들과 예배를 드리고 나눔을 하고 간식도 먹는 등 4시간짜리 프로그램을 이수했다. 한 달에 한 번은 전국 킹스키즈 훈련생들이 서울에 모여 예배를 드렸다.

그런데 아이들 대상이라고 봐주는 게 일절 없었다. 부모님이 받은 BEDTS의 축소판이었다. 특히 공동체 생활 수칙을 엄격하게 배웠는데, 누구든 잘못을 하면 구석에서 벽을 보고 30분 동안 무엇을 잘못했는지 생각한 후에 모두에게 용서를 구해야만 했다.

6개월의 고된 훈련을 마치고 3주간 합숙에 들어갔다(아직도 그 합숙 생활이 생생히 기억난다). 초등학교 4학년 겨울방학 기간이었다. 학교 친구들은 늦잠 자고 일어나서 TV를 볼 때 나는 매일 아침 6시에 기상하여 찬양으로 하루를 시작했다. 그때는 지금처럼 곡이 다양하지 않아서 〈목마른 사슴〉, 〈사랑하는 나의 아버지〉 같은 찬양을 주로 불렀다. 찬양을 마치면 다 같이 묵상을 하고 아침 식사 후 예배를 드렸다.

예배의 은혜를 이어서 학과 공부를 하고 나면 곧장 워십 댄스 연습에 들어갔다. 4시간 동안 200명의 아이들이 〈비추소서〉, 〈내 맘 다해〉(all of my heart), 〈신실하신 주〉에 맞춰서 '칼군무'를 익혔다. 워십 댄스 이후 먹는 저녁밥은 꿀맛이었다. 행복한 저녁 식사를 마치면 밤 10시까지 저녁 예배를 드렸다. 찬양 시간에는 어김없이 다 같이 뛰면서 뜨겁게 찬양했고, 예배 후에는 조별 나눔을 한 뒤 잠자리에 들었다.

이런 빡빡한 일정이 무려 20일이나 이어졌다. 신기하게도 새벽부터 밤늦게까지 말씀을 듣고 뛰면서 찬양하는데 전혀 힘들지 않았다. 천국의 일과가 이럴까 싶을 정도로 즐겁기만 했다. 그러나 이 은혜로운 합숙 기간은 이후 있을 '빡센' 훈련의 서막에 불과했다.

킹스키즈의 백미는 열흘 동안의 전도여행이었다. 조별로 전도여행을 가는데, 우리 조는 속초로 떠났다. 조 구성원은 나를 포함한 아이들과 삼십 대 조장 선생님 1명, 이십 대 자원봉사자 1명 등 10여 명이 한 조였다. 우리는 여행 경비로 받은 재정 중 80퍼센트를 헌금했다. 그리고 모든 여정을 하나님이 인도해주시기를 구하며 출발했다.

거의 무일푼으로 속초에서 10시간 넘게 방황한 끝에 한 교회에 들어갔다. 교회 분들에게 전도여행 계획을 말하고 허락을 구한 후에 그곳을 베이스캠프로 삼았다.

첫날은 짐을 풀고 우리끼리 예배를 드렸다. 그리고 이튿날부터 노방전도를 다니며 땅 밟기 훈련을 했다(힘든 훈련을 마친 우리를 위해 교회에서 끓여주신 라면 맛을 지금도 잊지 못한다).

열흘간 하나님께서 부족한 재정을 어떻게 채우시며 이끄시는지 그 섬세한 인도하심을 확실히 체험했다. 눈 깜짝할 사이 그 시간이 지나고, 전국으로 흩어졌던 킹스키즈 200명이 다시 한자리에 모였다. 그리고 부산 수영로교회를 시작으로 전국을 순회하며 그동안 갈고닦은 공연과 준비한 사역을 펼쳐나갔다. 부산, 대구, 춘천, 목포, 대전을 거쳐 서울 양재 온누리교회를 끝으로 모든 전국 순회 일정을 마쳤다. 어린 나이였지만 매 순간 하나님의 풍성한 은혜와 사랑을 생생히 느낄 수 있었다.

훈련을 마치고 집에 돌아와 그간 먹고 싶었던 음식과 간식을 배불리 먹었다. 왕의 자녀로서 훈련이 값졌던 만큼 가정의 편안함과 따뜻함, 그 소중함을 깊이 느꼈다.

소중한
깨달음

나는 킹스키즈에서 크게 세 가지를 경험했다.

첫째로, '하나님의 음성을 듣는 삶'이 어떤 건지 구체적으로 경험했다. 하나님이 내게 무엇을 말씀하시는지 듣고 그분의 인도를 따라가는 게 모든 프로그램과 훈련의 핵심이었다.

대표적인 예로, 전도여행을 가기 전에 조별로 행선지를 놓고 기도할 때였다. 눈을 감고 어디로 가야 할지 알려달라고 기도하는데 강렬한 감동이 임했다. 난 확신에 찬 목소리로

조원들에게 말했다.

"하나님이 제게 말씀하셨습니다. 우리 조는 속초입니다."

그러자 옆에 있던 친구가 자기도 같은 감동을 받았다고 했고, 그 옆 친구는 "나도 항구도시!"라고 말했다. 조원들은 어느새 이구동성으로 속초를 외치고 있었다.

행선지가 정해지자 속초에 어떻게 갈지를 두고 또다시 기도했다. 한 친구가 "기차를 타라고 하시는 것 같습니다"라고 말하자, 다른 아이가 "전 비둘기가 보였습니다!"라고 외쳤다. 그래서 우리는 비둘기호(당시 완행열차 이름)를 타고 속초에 가게 됐다. 여행 중 갈림길이 나오면 누구는 이쪽, 누구는 저쪽으로 가야 한다고 의견이 분분했다. 그러면 조장님이 곧바로 회개하는 시간을 갖자고 했다.

"하나님은 분명 동일하게 말씀하시는데 왜 의견이 갈리는 걸까? 우리 안에 잘못된 것을 알려달라고 기도하자."

한두 명이 자신의 잘못을 꺼내기 시작하면 금세 눈물바다가 되었다. 서로 부둥켜안고 용서를 구하며 함께 찬양하다가 하나님이 주시는 감동과 음성을 나누었다.

고작 11세인 아이가 그런 훈련을 했다니 지금 생각하면 웃음이 나지만 당시 나는 하나님의 음성을 듣기 위해 온 신경과 마음을 집중했다. 조원 중에 가장 어렸지만 목소리는 제일 컸고 무슨 일이든 앞장섰다.

둘째로, 하나님은 목사님 외에도 다양한 사람을 쓰신다는 사실을 알았다. 킹스키즈에는 목회자가 아닌데도 각자의 재능과 달란트로 섬기는 청년들이 많았다. 이들은 청년의 때에 선교적 사명을 깨닫고 전 세계로 나갈 준비를 하고 있었다(현재 세계 각지에 파송된 오륙십 대 선교사님들이 당시엔 이삼십 대 청년이었다). 사역자가 아니어도 자신의 전문 분야로 선교지에 헌신하려는 모습이 인상 깊었다.

'목사님만 주님의 일을 하는 게 아니구나. 하나님은 누구든지 그에게 맞는 방법으로 하나님의 역사를 이루시는구나.'

이는 평신도 사역으로 내 시야가 확장되는 중요한 계기가 되었다.

셋째로, 공동체 생활이 무엇인지 배웠다. 킹스키즈에서는 무엇 하나 내 것이 없었다. 더불어 생활하기 위해 내 것을 포기하고 상대를 배려해야 했다. 나는 그곳에서 상대의 행동이 이해되지 않아도 판단하지 않으며 사랑으로 품고 축복하는 법을 배웠다.

돌이켜보면 어린 시절의 이 훈련이 내게 얼마나 많은 걸 가르쳐주었는지 모른다. 이후 펼쳐진 삶의 순간마다 하나님을 더 의지하고 신뢰하게 하는 단단한 초석이 되었다.

흘려보내기

훈련

겨울방학 내내 킹스키즈 훈련을 받고 나니 새 학기가 시작되었다. 방학 동안 공부를 전혀 안 했으니 학교 성적은 당연히 뚝 떨어졌지만 내 신앙은 몰라볼 만큼 성장했다.

가장 큰 변화는 '기도'였다. 킹스키즈에서 하나님 음성 듣기 훈련을 한 덕에 일상의 사소한 일들도 하나님께 여쭈었다. 신기하게 내 멋대로 행동할 때보다 그분의 음성에 귀 기울이고 순종하면 마음이 편안했다.

또 선교사 후원을 바라보는 관점도 바뀌었다. 킹스키즈에서 간사님(선교사님)들이 헌신적으로 섬기는 모습을 보면서 언제부턴가 부모님이 시작한 선교사 후원이 얼마나 귀한 일인지 깨달았다.

믿음 없이 교회만 오가던 아버지가 BEDTS를 통해 하나님을 인격적으로 만난 후, 타국에 계신 선교사님들을 물질로 섬기고 쉴 곳을 내어드리기 시작했다. 처음 아버지가 후원에 대해 말했을 때, 나는 교회 헌금 외에 누군가를 후원한다는 게 놀랍고 신기했다. 어머니가 선교사님들을 집에 자주 모시는 것도 낯설기만 했다.

부모님이 훈련을 받은 이후 DTS 간사로 섬길 때는 전도여행을 떠나기 전에 온 가족이 그 땅과 선교사님들을 위해 기도했다. 두 분이 전도여행에서 돌아올 때마다 후원할 선교사님이 늘어났지만, 나와 동생은 부담이 아닌 당연함으로 받아들였다. 그렇게 우리 가정에 선교사님을 물질과 정성으로 섬기는 문화가 자리 잡았다.

그래서일까, 나는 초등학교 고학년이 되어 일주일에 천 원씩 용돈을 받자 천 원당 100원씩 선교헌금을 해야겠다는 생각이 들었다. 부모님은 내가 매달 400-500원씩 알뜰살뜰 모은 돈을 선교헌금에 같이 보내주었다.

선교적 마인드로 철저히 무장된 아버지는 늘 하나님과의 관계를 강조했다.

"하나님과 친밀하고도 인격적인 관계를 맺어야 그분의 음성에 즉각 반응하고 흘려보내는 통로가 될 수 있단다."

그 무렵 우리 집은 매달 가족 모임을 했다. 한자리에 빙 둘러앉아 후원하는 선교사님들이 보내주신 선교 편지를 돌아가며 소리 내어 읽고 함께 기도하며 예배드렸다.

중학생이 되어서는 1년에 한 번씩 '2박 3일 가족 수련회'를 떠났다. 주로 오전에는 유적지를 관광하고 오후에는 선교 편지를 읽으며 기도하는 시간을 가졌다. 새로운 선교사님을 소개하는 시간에는 온 가족이 그 분을 후원할지 말지 이야기했다(내 기억으로는 늘 후원하는 쪽으로 결론이 났다).

이튿날에는 서로 꿈과 목표를 나누고 기도제목을 적었다. "1년간 성경을 3독하겠습니다", "새벽기도를 1개월간 나가겠습니다", "10년 후에 나는 어떤 사람이 되겠습니다" 등의 신앙적인 목표나 다짐이 주를 이루었다. 평소 생각만 하던 것을 직접 쓰고 가족 앞에서 발표하고 기도까지 받으니 멀리만 있던 꿈이 품 안에 쏙 들어오는 것 같았다. 지금 생각하면 참 쑥스러운 자리인데, 그때는 가족과 꿈을 나누고 서로 축복해주는 시간이 설레고 기다려졌다.

가끔 한국에 들어오신 선교사님들이 우리 집에 묵으면 나와 동생이 쓰는 방을 내드렸다. 어머니는 우리 형제의 방에 향수를 뿌리고 때로는 도배를 새로 할 정도로 지극정성으로 모셨다. 선교사님들이 돌아가는 날이면 부모님은 하얀 봉투를 공손히 내밀었다(형편에 따라 달랐겠지만 그 안에는 대략 100불 정도가 들어있었다).

부모님은 자신들을 위해서는 돈을 거의 쓰지 않았다. 어머니는 고기라면 사족을 못 쓰는 먹성 좋은 아들들을 위해 대형마트에서 제일 싼 냉동 불고기를 사다 먹였다. 질 좋은 고기도 아닌데 어찌나 맛있던지 우리에게는 최고의 특식이었다. 단 한 번도 '선교사님 후원금이면 더 좋은 고기를 원 없이 먹을 수 있을 텐데…'라고 생각하지 않았다.

우리 형제는 브랜드 신발을 사거나 비싼 옷을 입어본 적이 없다. 주로 할인 매장에서 철 지난 싼 옷을 사 입었지만, 부모님의 검소한 삶을 보고 자라서 딱히 불평하진 않았다.

'엄마 아빠가 저렇게 열심히 아껴 쓰시는데, 나도 보태야지. 한 푼이라도 더 모아서 선교사님을 후원하는 게 하나님이 기뻐하시는 길이야!'

비록 어리지만 "돈은 더 가치 있는 일에 써야 한다"라는 암묵적인 동의가 내 안에 있었던 것 같다.

하나님께 달려가던 나날

내가 중학교 1학년 때만 해도 가스펠송(CCM)이 대중적으로 보급되기 전이어서 웬만한 교인들은 〈사랑하는 나의 아버지〉(Blessed Be The Lord God Almighty)와 같은 유명한 곡도

생소해했다. 대부분 교회에서는 찬송가만 불렀고, 유일하게 온누리교회나 예수전도단에서 CCM이 불리던 때였다.

내 기도제목은 주일에 가스펠송을 부르며 신나게 예배드리는 거였다. 그런 내게 예수전도단 화요모임은 가물에 단비 같았다. 당시 산본에 살았는데, 학원 수업이 없는 날이면 학교 종례를 마치자마자 전철역으로 달려갔다. 4호선을 타고 사당역까지 가서 2호선으로 갈아타고 네 정거장만 가면 강남역이었다.

6시쯤 강남역에 도착하면 집회 장소까지 한 번도 쉬지 않고 달렸다. 때로 영락교회에서 집회가 열리면 4호선을 타고 명동역까지 한 번에 갈 수 있었다.

'하나님, 한 방에 갈 수 있게 해주셔서 감사합니다! 할렐루야!'

시간 내에 도착한다고 끝이 아니었다. 그다음 목표는 예배당 맨 앞줄이었다. 그 자리는 몇 분 사이에 꽉 찰 만큼 나처럼 뛰며 찬양하고 싶은 아이들의 경쟁이 치열했다. 6시 10분만 돼도 아슬아슬했고, 5분이라도 늦으면 무조건 2층으로 가야 했다. 그런데 2층은 못 뛰게 할 때가 많았다. 〈나의 왕 앞에서〉 같은 신나는 찬양을 부를 때면 스크린에 "2층은 뛰지 마세요"라는 자막이 나오곤 했다.

예배의 갈증이 내 안에서 끊임없이 솟구쳤다. 중학교 1학년부터 고등학교 2학년까지는 예수전도단 유스캠프(Youth Camp)에도 빠짐없이 참석했는데, 낯선 사람들과 예배드리는 데도 고향에 온 듯 편안했다. 마치 야곱이 벧엘에 돌아와서 하나님을 마주한 느낌이랄까. 내가 있어야 할 곳은 바로 예배의 자리라고 하나님이 확인시켜주시는 것 같았다.

집회에 갈 때면 나는 최대한 앞자리에 앉으려고 저녁을 거르거나 허겁지겁 먹고 예배당으로 달려갔다. 맨 앞줄에 부어지는 하나님의 기름부으심은 뭔가 더 크고 강렬한 것 같았기 때문이다. 하나님 눈에 나는 어땠을까. 저녁 6시 강남역, 술 마시러 온 사람들로 북적이기 시작하는 틈바구니에서 예배 자리를 사수하러 달려가는 내 모습이 얼마나 귀하고 귀여우셨을까.

중고등학교 시절, 내게는 정말 하나님밖에 없었다. 하나님을 예배하며 뜨겁게 찬양하는 게 가장 행복했다. 그즈음 내 꿈은 목사에서 선교사로 바뀌었고, '하나님이 내게 선교지로 가라시면 당장이라도 학업을 포기하고 떠날 수 있다!'라는 확신과 기대감이 가득했다.

하지만 어머니에게 이런 포부는 통하지 않았다. 단순히 공감을 못 하는 수준이 아니라 아예 용납하지 않았다. 공부도 못하고 기술이나 실력도 없으면서 마치 선교지로 도피하듯 떠나는 건 옳지 않다고 했다.

"네가 정말 선교사로 쓰임 받길 원한다면 먼저 대학에 진학해서 선교지에 필요한 전공을 익히고 신학대학원에서 제대로 공부해라. 주어진 일에 최선을 다하지 않으면서 '주여, 주여'만 외치는 사람은 게으르고 어리석은 사람이란다."

게으름과 어리석음이 내게 종종 보일 때면 어머니의 책망의 화살이 어김없이 날아와 꽂혔다. 지극히 현명하고 맞는 말이었지만 그때는 어머니가 하나님을 향한 내 열정을 몰라주는 것 같아 몹시 서운했다.

어느덧 세 아이의 아빠가 된 지금, 만일 내 자녀가 학업을 포기하고 선교지로 떠나겠다고 하면 어떻게 반응할까? 아마도 자녀에게 이렇게 물을 것이다.

"네 선택을 후회하지 않을 자신 있니? '그때 그냥 공부했더라면…'이라는 얘기를 평생 하지 않을 수 있니? 사역에 성공하지 못해도 하나님을 원망하지 않을 수 있겠니?"

만일 자녀가 "네, 자신 있어요!"라고 진심으로 대답한다면 다짐을 받고 보내지 않을까. 자녀의 앞날을 하나님께 완전히 위탁드리고 죽어라 기도하지 않을까. 어머니가 내게 똑같이 물었다면, 학창 시절의 나는 "후회 안 해요!"라고 자신 있게 답하고 망설임 없이 선교지로 떠났을 것이다. 비록 결말은 다르지만 한 가지 확실한 건, 그때나 지금이나 내 인생의 전부는 하나님 한 분뿐이라는 점이다.

기본을
지키는 삶

아버지 집안은 조상 대대로 풍류와 음주 가무 문화가 만연했다. 생활력이 거의 없거나 노름으로 집을 몇 채 날린 친척도 있었다(아버지만 평범했다고 해도 과언이 아니다). 그래서 어머니는 명절을 쇠러 시댁에 가면 스트레스를 잔뜩 받았고, 그 여파가 나와 동생에게 고스란히 잔소리로 이어졌다.

"사람이 제 몸 하나 건사하지 못해서는 안 된다", "사람 된 도리는 경제적 능력과 직결된다", "술, 화투 근처에는 얼씬도 하지 마라"라는 어머니의 엄포에 우리는 화투장에 손만 대도 손가락이 어떻게 되는 줄 알았다.

어머니는 늘 책임과 의무를 다하고 기본을 지키는 삶을 강조했다. '생활력'은 기본 중의 기본이었다. 그런 어머니에게 나는 공부도 못하고 매사에 낙천적이며 남에게 퍼주기만 좋아하는 골칫거리였다.

어머니는 내가 평생 제 앞가림도 못하고 살까 봐 걱정이 이만저만이 아니었고, 잔소리는 자연스레 내게 집중됐다. 하지만 그때는 잔소리로만 들렸던 가르침이 훗날 우리 형제에게 커다란 영향을 미쳤고, 재정 교육의 탄탄한 기반이 되었다.

가정에서의
탁월한 재정 교육

1. 용돈 기입장 쓰기

나와 동생은 중학교 때부터 나눔과 용돈 훈련을 제대로 받았다. 아버지는 매달 용돈 기입장을 성실히 기록했는지 검사하고 제대로 기입했을 때만 용돈을 주었다(다행히 영수증을 첨부할 필요는 없었다).

중학교에 진학하자 한 달에 1만5천 원을 받았다. 나는 50원짜리 사탕을 사 먹은 것부터 3천 원짜리 친구 생일선물을 산 것까지 빠짐없이 용돈 기입장에 적었다. 하나라도 빠뜨리면 다음 달 용돈이 없으니 그때그때 잊지 않고 적어두었다. 용돈은 매년 약 5천 원씩 올라서 고등학교 3학년 때는

5만 원이 되었다.

성인이 되어 용돈 기입장을 졸업하면서 내게 놀라운 습관
이 생겼음을 발견했다. 6년간 용돈 기입장을 꼬박꼬박 기록
하다 보니 재정 개념이 확실해지고 나름대로 예산 계획을 세
워 규모 있게 소비하는 습관이 몸에 밴 것이다.

아버지의 용돈 기입장 교육은 회사를 운영하는 데도 지대
한 영향을 미쳤다. 사소한 지출도 빠짐없이 기록하는 습관
은 오늘날 매출 700억 이상인 회사를 경영하면서 만 원 한
장이 나갈 때도 신중하게 집행하게 했다. 굳이 차이를 찾자
면, 용돈 기입장은 아버지가 검사했고, 지금은 국세청에서 검
사한다. 기업 경영을 쉽게 말하는 것처럼 들릴지 모르나 실
제로 크게 다르지 않다.

가정에서의 재정 훈련 외에 성인이 된 후에 읽은 김미진 간
사님의 《왕의 재정》이 내게 성경적 재정관을 다시금 확립시켜
주었다. 적은 돈을 소중히 여기고 충실하게 관리하는 습관
과 오늘 내가 해야 할 '1'을 성실히 하는 게 하나님나라의 관
점에서 얼마나 중요한지 알게 되었다.

《왕의 재정》은 빚이 있다면 예산을 세우고 아무리 적은 액
수라도 빚 갚는 데 전력을 다하라고 조언한다. 이제 와서 돌
아보니 어린 시절의 용돈 기입은 내가 《왕의 재정》의 기본 원

리를 몸소 익히는 실전 연습과도 같았다.

어릴 때는 용돈 받는 게 신기하고, 또 나만의 가계부를 만드는 재미로 써 내려갔는데, 아버지의 소소하지만 확실한 가르침이 성경적 소비 습관과 재정 관념의 토대를 다져주었다는 걸 지금도 실감한다.

2. 자녀 명의 통장 관리

부모님은 통장 교육이 탁월했다. 내가 가장 존경하는 부분이다. 지금 생각하면 '어떻게 그랬을까?' 싶을 정도로 부모님은 내가 어릴 때부터 여기저기서 받은 돈을 내 명의의 통장에 차곡차곡 저금해주었다.

많은 부모가 자녀 통장을 마음대로 사용한다. 자녀 명의로 되어있지만 자녀의 돈이라고 생각하지 않거나 자녀의 돈을 소중히 여기지 않기 때문이다. 내 친구들은 종종 가정 형편이 어렵거나 급전이 필요하면 부모님이 자신의 통장에서 돈을 마음대로 빼간다고 불평했다.

그 부모님은 자녀가 어려서 의견을 묻는 게 소용없을 거라고 생각했겠지만 그렇지 않다. 자녀가 알아들을 걸 기대하고 의논하는 게 아니라 의논하는 그 자체가 아이를 존중한다는 표현이기 때문이다. 우리 부모님은 내가 어렸을 때도 꼭 물어보았다.

"피아노를 사려고 하는데 혹시 보탤 의향이 있니?"

"피아노가 얼만데요?"

"150만 원 정도 한다는구나."

"그럼 제가 40만 원 보탤게요."

그래서 아버지가 100만 원, 내가 40만 원, 동생이 10만 원을 내고 삼익피아노를 샀다. 집에 오는 손님들에게 나는 자랑스럽게 말했다.

"이 피아노의 3분의 1은 제 거예요."

아버지도 아이들이 보태서 피아노를 샀다고 곁에서 거들어주었다. 중학교에 올라가서는 가족회의를 통해 컴퓨터를 사기로 결정하고 나와 동생이 각각 100만 원씩 보탰다. 컴퓨터가 집에 도착한 날, 절반이나 보탰다는 자부심과 뿌듯함에 조심스레 포장지를 뜯은 기억이 난다.

한 푼 두 푼 모아 구매한 물건은 거저 생긴 물건보다 훨씬 소중했다. 나아가 한정된 예산 안에서 꼭 필요한 물건을 구매하는 지혜도 생겼다.

저금과 자산, 소유의 개념을 확실하게 심어준 부모님 덕에 나는 부모님의 친구나 지인들로부터 용돈을 받거나 명절에 세뱃돈을 받으면 십일조를 빼고는 고스란히 저금했다. 그때마다 어머니는 내 이름 세 글자가 적힌 통장을 보여주며 돈이 차곡차곡 쌓이는 과정을 확인시켜주었다.

군것질이나 오락실, 게임 지출을 줄일수록 돈이 모인다는 사실도 흥미로웠다. 안 그래도 엄마가 싫어하는 것들인데, 조금만 참으면 엄마도 좋아하고 돈도 모이니 일석이조였다. 나는 신이 나서 저금 횟수를 늘려나갔다. 돈이 모이면 선교사 후원과 십일조를 비롯한 꼭 필요한 곳에만 지출하며 우선순위를 확립하고 돈을 주체적으로 운용하는 법을 배웠다.

이렇듯 일찍이 저금의 매력을 맛본 터라, 지금껏 아무리 많이 벌어도 먼저 베풀고 반드시 저금하는 지혜로운 소비생활을 이어오고 있다.

유년 시절부터 저금한 돈은 대학에 진학할 무렵 500만 원에 달했다. 그 후 과외로 첫 월급을 받았을 때도 늘 하던 대로 저금했다. 만일 부모님의 통장 교육이 없었다면 대학 생활의 자유를 만끽하며 용돈이 생기는 족족 써버렸을 것이다.

내가 회사를 경영하면서 가장 놀란 건, 월급의 80퍼센트 이상을 그달에 써버리는 직원들이 많다는 사실이다. 오늘날 많은 청년이 내일이 없는 것처럼 살아간다. 즐거움을 위해 무분별한 소비를 일삼고 돈을 저축한다는 개념 자체가 희미하다.

대개 '어느 세월에 모아? 저금해봤자 뭐해'라는 패배 의식이 짙게 깔려있다. 애초에 모을 수 없다고 생각하니 다 써버리고 만다. 어떤 마음인지 이해는 하지만 성경적 관점에서 이 또한 작은 것에 충성되지 못한 태도이다.

나 역시 대학생 때 과외로 번 돈은 큰 액수가 아니었다. 하지만 착실히 저금했더니 25세에 무려 5천만 원이 모였다. 친구들은 그 돈이 부모님에게서 온 줄 알고 툭하면 "넌 부모님을 잘 만나서 좋겠다"라며 속 편한 얘기를 했지만 실상 부모님은 내게 습관을 물려주었지 돈을 물려준 게 아니었다.

자녀에게 백날 "저금해!"라고 외쳐봐야 소용없다. 부모가 먼저 적은 돈을 허투루 쓰지 않는 본을 보이면서 아이의 돈을 함부로 쓰지 않고 착실히 모아줄 때, 아이 안에 소유의 개념과 '적은 돈이 모여 큰돈이 된다'는 믿음이 생긴다. 부모와 함께 실천하는 재정 교육이 자녀의 올바른 재정관 형성의 열쇠이다.

3. 선교사 후원 동참

부모님이 가장 중점을 둔 교육은 '성경적 재정관'이었다. 하나님이 허락하신 재정을 충실하게 모으면서 잊지 말아야 할 것은 흘려보내는 훈련이다. 나와 동생은 적은 액수라도 선교사 후원에 동참했다.

고등학교에 올라갈 무렵, 부모님이 우리에게 유언처럼 당부했다.

"우리 가정에서 후원하는 선교사님들은 아빠, 엄마가 죽어도 너희가 책임져야 한다."

별로 새삼스러운 말은 아니었다. 우리 형제는 거실에 걸린 세계 지도 옆 선교 편지들을 보고 자라면서 선교사 후원을 가업이자 삶의 일부로 받아들였다.

내가 재수할 즈음, 우리 집은 스무 가정 정도를 후원했다. 어떤 가정은 월 10만 원, 어떤 가정은 5만 원, 또 다른 가정은 1,2만 원 등 후원 액수가 달랐다. 그런데 어느 시점에 이르러 아버지의 사업이 예전 같지 않자 어머니가 후원을 조금 줄이자고 제안했다.

"1,2만 원은 보내기도 민망하니까 그만 정리해요. 그리고 더는 늘리지 않기로 해요."

나와 동생은 돈 한 푼 안 내면서 완강히 반대했다.

"어머니, 상황이 어려워도 선교사 후원은 줄이면 안 되죠. 우리 기도하고 결정해요."

늘 그렇듯 가족이 함께 기도한 후에는 후원금을 줄이지 않기로 입을 모았다. 어머니는 여전히 걱정이 많았지만 믿음으로 구하며 끝내 줄이지 않았다.

그로부터 1년 후, 우리 형제는 대학 입학과 동시에 과외를 시작했다. 첫 수입이 생기자 누가 먼저랄 것도 없이 부모님에게 "이제 우리도 선교 후원을 본격적으로 시작할게요"라고 기쁘게 말했다. 그때부터 우리는 선교사님을 세 분씩 후원했고, 매년 한두 분씩 늘려갔다(지금 우리 가정이 후원하는 선교사는 오십 가정 정도 된다).

철없는 두 아들이 반대하지 않았어도 어머니는 후원을 줄이지 않으셨으리라 생각한다. 어머니에게는 하나님의 약속의 말씀이 늘 함께했기 때문이다.

부모가 되어보니 뒤늦게 어머니의 마음을 헤아리게 된다. 가정경제가 불확실할 때 선교사 스무 가정을 후원하는 일은 몹시 부담스러웠을 것이다. 그럼에도 믿음으로 하나님께 가정을 맡겨드리고 후원을 이어온 어머니가 존경스럽다.

성경에도 어머니와 같은 여인이 등장한다. 바로 사르밧 과부다. 그녀의 상황은 훨씬 극단적이었지만, 믿음의 선택을 한 담대한 두 여인이 나란히 겹쳐 보인다.

그녀는 굶어 죽기 직전인 아들에게 먹일 마지막 음식을 엘리야에게 내주었다. 분명 두려웠을 것이다. 자식 굶기는 부모의 심정은 되어보지 않고는 모른다. 하지만 그녀는 언뜻 미친 짓처럼 보이는 믿음의 도전을 감행했다. 밀가루가 떨어지지 않으며, 병의 기름이 마르지 않을 거라는 하나님의 말씀을 오직 믿음으로, 깡다구 있게 붙들었다. 그러자 주님이 일하셨다. 믿었더니 믿음대로 이루어졌다.

여호와의 말씀이 엘리야에게 임하여 이르시되

너는 일어나 시돈에 속한 사르밧으로 가서 거기 머물라

내가 그곳 과부에게 명령하여 네게 음식을 주게 하였느니라

그가 일어나 사르밧으로 가서 성문에 이를 때에

한 과부가 그곳에서 나뭇가지를 줍는지라 이에 불러 이르되

청하건대 그릇에 물을 조금 가져다가 내가 마시게 하라

그가 가지러 갈 때에 엘리야가 그를 불러 이르되

청하건대 네 손의 떡 한 조각을 내게로 가져오라

그가 이르되 당신의 하나님 여호와께서

살아계심을 두고 맹세하노니

나는 떡이 없고 다만 통에 가루 한 움큼과 병에 기름 조금뿐이라

내가 나뭇가지 둘을 주워다가 나와 내 아들을 위하여

음식을 만들어 먹고 그 후에는 죽으리라

엘리야가 그에게 이르되 두려워하지 말고

가서 네 말대로 하려니와

먼저 그것으로 나를 위하여 작은 떡 한 개를 만들어

내게로 가져오고 그 후에 너와 네 아들을 위하여 만들라

이스라엘의 하나님 여호와의 말씀이

나 여호와가 비를 지면에 내리는 날까지

그 통의 가루가 떨어지지 아니하고

그 병의 기름이 없어지지 아니하리라 하셨느니라

그가 가서 엘리야의 말대로 하였더니

그와 엘리야와 그의 식구가 여러 날 먹었으나

여호와께서 엘리야를 통하여 하신 말씀같이

통의 가루가 떨어지지 아니하고

병의 기름이 없어지지 아니하니라

왕상 17:8-16

내 삶에도 굴곡이 있었다. 사업이 잘될 때도 있고, 안 될 때도 있었다. 그러나 언제나 동일하신 하나님은 내가 상황에 따라 흔들리지 않고, 오직 믿음으로 그분의 뜻을 행하길 원하셨다.

하나님은 내게 베풀고 나누는 삶의 가치를 일찍이 깨닫게 하셨다. 또 물질은 쥐고 있는 게 아니라 흘려보내는 것이며, 형편에 따라서가 아닌 믿음으로 물질과 마음을 기꺼이 드려야 함도 알려주셨다.

상황과 관계없이 오직 믿음으로 선교사 후원 액수와 인원을 늘려가던 우리 가정의 용기가 지금까지 내 삶을 이끌어왔다. 섬김과 나눔의 가정문화는 어느덧 내 사업장에도 스며들어 우리 회사는 현재 NGO 단체(기아대책, 컴패션, 월드비전 등)를 통해 수천 명을 후원하고 있다.

사실 후원의 원리는 내 공급자가 누구인지 명확히 아는 데서 시작한다. 이 개념이 확고하지 않아도 지난날을 떠올려보라. 내가 노력한 만큼 돈을 벌었는지, 아낀 만큼 돈이 모였는지, 내 뜻대로 돈이 굴러갔는지. 또한 돈이 필요할 때 간구했더니 딱 그만큼의 돈이 우연찮게 들어온 경험, 악한 데 쓴 돈은 더 큰 화를 불러오고 선한 데 쓴 돈은 갑절로 돌아온 경험들 말이다.

삶을 돌아보면 재정의 주인은 내가 아니라 하나님이시며, 나는 그저 관리자임을 뼈저리게 느낀다. 위 내용에 동의하지 않더라도 성경에서 명확히 말씀하신다. 우리는 '청지기'로서 주인의 뜻대로 재정을 집행하는 자에 불과하다고.

하나님은 재산을 잘 관리하는 청지기에게 더 큰돈을 맡겨 더 큰일의 권한을 주시며, 내가 충직한 관리자로서 기쁨으로 순종할 때 놀랍게 역사하신다. 그러므로 후원은 청지기의 삶을 기쁘게 누리는 자에게 주어지는 특권이다.

하나님은 우리가 필요한 자에게 흘려보낸 손길을 잊지 않으신다. 오늘도 그런 손길들을 통해 역사하신다. 그분은 어릴 적 내 작은 나눔의 손길도 귀히 여기시고 기뻐 받으셨다. 또 계속 흘려보내라고 넘치도록 부어주셨다. 나눔의 길, 그 충만한 감사의 길 가운데로 자꾸 나를 이끄셨다.

철저한
성품 훈련

1. 정직

앞서 말했지만 나는 공부를 못했다. 학창 시절 가장 행복했던 순간을 꼽으라면, 초등학교 3학년 즈음 석차 제도가 사라졌을 때다. 하지만 그 기쁨도 잠시, 중학교에 가자마자 다시 석차의 압박이 숨통을 조여왔다.

첫 시험을 보고 오자 어머니가 물었다.

"시험 잘 봤어?"

"괜찮은 것 같아. 느낌이 좋아."

"43명 중에 몇 등 할 거 같아?"

"10등쯤 한 것 같아."

하지만 결과는 31등이었다. 충격이었다. 이내 정신을 가다듬고 내 진짜 실력은 이제부터라고 큰소리치며 다음 시험을 쳤다. 결과는 34등.

'어떻게 더 떨어질 수 있을까.'

눈을 의심했다. 수우미양가 중에 '우'가 2개, '양'이 2개, 나머지는 다 '미'였다. 아무래도 공부 방법에 문제가 있는 것 같았다.

집에 가는 내내 성적표를 어머니에게 보여줄지 말지 한참을 고민했다. 결국 서랍 깊숙한 곳에 감춰놓고 방학이 끝나야 나온다고 거짓말을 했다. 며칠 뒤 어머니는 학부모 모임에서 성적표가 이미 나왔다는 소식을 들었다.

그날 밤, 아무것도 몰랐던 나는 집안 분위기가 심상치 않다는 걸 감지했다. 직감적으로 거짓말한 게 생각났다. 아니나 다를까 아버지가 나를 불렀다.

'난 이제 죽었구나….'

잔뜩 긴장한 손으로 안방 문고리를 천천히 돌렸다. 방에 들어서자마자 뭔가가 날아올 줄 알았는데, 뜻밖에도 아버지는 차분한 목소리로 말했다.

"승원아, 공부를 못하는 건 괜찮아. 하지만 거짓말은 안된다. 네가 거짓말을 하면 앞으로 아빠도 널 믿을 수 없어.

이 일을 놓고 하나님께 회개하자."

아버지의 큰 손이 잔뜩 웅크린 내 손을 감쌌다. 그날 밤 아버지는 나를 위해 뜨겁게 기도해주었다. 나는 아버지에게 큰 빚을 진 것 같았다.

'이제는 아빠를 실망시키지 말고 공부를 열심히 해야지.'

그 후로도 아버지는 성적이나 실수로는 혼내지 않았다. 그러나 조금이라도 정직하지 않으면 철저히 바로잡았고, 거짓말은 용서할 수 없다고 엄하게 말했다.

우리 집 가훈은 '정직'이었지만 나는 아버지가 왜 그렇게 정직을 강조하는지 이해하지 못했다. 하지만 어른이 되어 회사를 경영해보니 정직이 바탕이 되지 않으면 누구와 어떤 관계도 이어갈 수 없음을 알게 되었다.

직원이 아무리 일을 잘해도 나와 신뢰 관계가 형성되지 않으면 결국 일 전체를 그르치곤 했다. 이런 경험을 통해 아버지가 정직과 신뢰를 생명처럼 소중히 여기며 가르쳤던 이유를 비로소 깨달았다.

2. 자존감

제아무리 높은 자존감의 소유자라지만 나 역시 저조한 성적 앞에서는 한심하고 비참한 기분이 들었다. 아버지는 그런

아들의 무너진 자존감을 세워주며 한결같은 격려와 응원으로 용기와 새 힘을 불어넣어 주었다.

나는 아버지로부터 부모는 자녀의 성적과 상관없이 그 존재만으로도 소중하다는 걸 알려주고 조건 없는 사랑으로 품어야 함을 배웠다. 내가 그 사랑을 받았고 그 사랑이 나를 움직였기 때문이다.

중학교 1학년 중간고사 때였다. 나는 43명 중 23등을 하고 잔뜩 풀이 죽어있었다. 그때 아버지가 솔깃한 제안을 했다.

"잘했어! 승원아, 다음 시험에서 20등 안에 들면 아빠가 네 소원을 들어줄게!"

나도 모르게 힘이 솟았다. 맘잡고 열심히 공부한 결과, 놀랍게도 딱 20등이 나왔다! 먹어도 먹어도 배가 고팠던 성장기에 내 소원은 경양식 레스토랑에서 배 터지게 먹는 거였다. 거기는 아주 비싼 음식을 파는 고급 레스토랑으로, 꿈에 그리던 곳이었다.

드디어 외식 날, 어머니와 동생까지 온 가족이 한껏 차려입고 집을 나서자 동네 사람들은 어딜 가냐고 물었다. 나는 차마 '20등 기념 외식'이라고는 말 못 하고 2등을 해서 외식하러 간다고 자신 있게 말했다. 그리고 속으로 생각했다.

'이건 거짓말이 아니야. 조만간 2등을 할 거니까!'

하지만 2학년이 되어서 아무리 열심히 해도 여전히 20등 아래만 맴돌았다. 그런데 평소 나와 비슷한 실력이던 친구의 성적이 쑥쑥 오르는 걸 보고 나도 그와 같은 보습학원에 등록했다. 그 학원에서 난생처음 '복습'이란 걸 배웠다.

'아, 성적이 오르려면 복습을 해야 하는구나.'

나는 학원 강의를 들으며 틈틈이 복습했다. 기말고사를 보고 나자 뭔가 느낌이 달랐다. 잘 봤다는 자신감이 차올랐다. 결과는 11등. 최초로 앞자리가 '1'이 되자 울컥했다. 그때부터 날 보는 어머니의 시선도 조금씩 달라졌다. 나는 신이 나서 공부에 박차를 가했고, 3학년 때는 5등까지 치고 올라갔다.

아버지 덕분에 나는 학업과 높은 자존감이라는 두 마리 토끼를 다 잡을 수 있었다. 성적이 올라서 자존감이 높아진 게 아니라 성적과 상관없이 나를 응원하고 믿어주는 아버지의 존재가 내 자존감을 단단히 붙들어주었다.

이는 사업 초창기 직원 관리에도 큰 영향을 미쳤다. 나는 아버지처럼 업무 성과가 부진한 직원에게 책망보다는 격려와 칭찬을 아끼지 않았다. 또한 그에게 알맞은 업무완수 조건을 걸고 더 좋은 보상을 약속하면, 실력은 물론이고 자신감도 향상되는 걸 보았다.

CHAPTER

2

하나님의 세밀한 이끄심

제게

왜 이러시나요?

중학교 말에 복습의 중요성을 깨달은 뒤로 성적은 하루가
다르게 올랐다. 고등학교에 진학하자 안정적으로 상위권에
진입했다. 그런데 크게 힘들이지 않아도 성적이 잘 나오니
금세 교만하여 공부를 적당히 하기 시작했다.

그즈음 '마하나임'(하나님의 군대)이라는 기독교 동아리에
들어갔다. 동아리에서는 날마다 아침, 점심, 저녁, 집에 가기
전에 모여서 찬양하고 기도했다. 나는 거의 3년 내내 신학교
에 다니듯 예배만 드리는 동아리 활동에 심취했다. 어머니는

한창 공부에 열을 올릴 시기에 학교에서 종일 예배만 드리는 내 모습을 못마땅해했다.

그런 어머니에게 늘 큰소리치던 나는 최악의 수능 시험 결과를 받고 말았다. 내가 노력하지 않아서 받은 당연한 결과인데 원망의 화살을 애꿎은 하나님께 돌렸다.

'기독교 동아리 활동을 정말 열심히 했는데 어떻게 이러실 수 있나요?'

이는 하나님이 만드신 자연법칙을 무시하는 태도였다. 그분은 오늘도 이 세상을 자연법칙과 기적으로 이끌어가신다. 대부분 자연법칙으로 운행하시지만 때로 기적도 사용하신다. 천지 만물은 하나님의 섭리에 순응하며 존재한다. 무거운 공을 손에서 놓으면 땅에 떨어지는 건 하나님이 만드신 중력의 법칙이다.

공부를 열심히 하면 성적이 오르고, 안 하면 떨어지는 것도 자연법칙의 일부라고 할 수 있다. 그런데 나는 하나님을 오해하여 내게 기적이 생기길 기도했다. 내 할 바를 다하지 않고 하나님께 헌신할 테니 좋은 결과만 달라고 졸랐다.

하나님은 이 법칙을 내가 서서히 깨닫게 해주셨다. 매 순간 그분이 만드신 자연법칙의 순리대로 최선을 다하되 인간의 힘이 닿지 않는 영역은 겸손히 기적을 구하며 나아가는 게 피조물인 인간이 가져야 할 태도임을 알게 하셨다.

스타강사를
꿈꾸다

나는 재수를 결심하고, 비장한 각오를 다졌다.

'나는 하나님이 사랑하시는 특별한 사람이야. 세상이 뭐라 해도 그분은 내 삶에 놀라운 일을 계획하고 계셔. 하나님이 택하신 자의 저력을 보여주자!'

하지만 마땅한 방법이 떠오르지 않았다. 그러던 어느 날, 도서관에서 중학교 때 친구를 만났다. 친구가 대뜸 내게 물었다.

"대학 어떻게 됐냐?"

나는 재수한다고 말하기 싫어서 되물었다.

"너는?"

"난 몇 개밖에 안 틀렸는데 의대에 떨어져서 재수해."

"나도 비슷해."

대충 얼버무리고는 이때다 싶어서 그에게 공부법을 물었다.

"영어는 인강(인터넷 강의)으로 공부해. 이번 수능 만점자 중에 ○○인강 듣고 대박 난 애들이 엄청 많대!"

귀가 솔깃했다. 곧장 집에 가서 친구가 말한 강의를 찾아보았다. 처음 5분만 들었는데 눈이 번쩍 뜨였다. 살면서 영어가 그렇게 재밌기는 처음이었다. 몇 개의 강의를 연달아 듣고 다음 날 또 들었다. 개념도 쏙쏙 들어오고 문제도 잘 풀려서 시간 가는 줄 몰랐다.

문득 나도 모니터 속 강사처럼 가르칠 수 있을 것 같았다. 아니, 가르치고 싶었다! 어느 날, 그 강사가 강의 도중에 본인이 낸 세금 액수를 칠판에 적었다. 0을 한참 세어보니 18억이었다.

'번 돈이 아니라 세금이 저 금액이라니…. 대체 얼마를 벌면 저렇게 큰돈을 세금으로 낼 수 있지?'

갓 20세가 된 나로서는 가늠이 안 되는 액수였다. 막 스타강사라는 직업에 관심이 생기던 찰나에 그 직업이 돈도 어마어마하게 번다는 사실을 알고부터 내 꿈은 '일타강사'(첫 번째로 수강이 마감되는 스타강사)가 되었다.

다시 시작된
훈련

그러나 힘겨운 재수 생활을 마치고 대학에 입학하자, 일타강
사의 꿈은 희미해졌다. 예수전도단 동아리에 들어갔는데, 마
침 대학생 예수제자훈련학교(UDTS, University Discipleship
Training School) 참가자를 모집하고 있었다. 이는 킹스키즈
의 청년 버전으로 여름방학과 겨울방학을 포함, 학기 내내
이루어지는 제자훈련 프로그램이었다.

훈련 내용도 청소(UDTS에서는 'work duty'로 수양관과 마을
청소를 도맡아 했다)가 추가된 것 말고는 거의 흡사했다. 몸은
고됐지만 많은 걸 배웠던 킹스키즈의 향수가 되살아나 대학
생활을 UDTS 참여로 시작했다.

대학교 1학년, 수업을 마치면 곧장 수양관으로 가서 훈련
을 받았다. 평일에는 훈련 후 합숙을 하고 토요일 밤에 귀가
하여 각자 교회에서 예배를 드린 뒤 주일 저녁에 복귀했다.
방학에는 학교에 갈 일이 없으니 종일 훈련을 받았다. 9개월
동안 강도 높은 훈련을 받는 UDTS에 비하면 킹스키즈는 맛
보기에 불과했다.

나는 UDTS 예배가 참 좋았다. 하나님과 깊은 관계 가운

데 들어가 기름부으심을 체험했고, 모든 소유를 내려놓고 하나님의 인도를 따르는 도전적인 자세와 담대함을 배웠다.

그중 가장 기억에 남는 건 재정강의였다. 첫 시간부터 나는 감탄을 연발했다.

'바로 저거다!'

내용은 이러했다.

1. 십일조가 내 재산을 보호한다

네 재물과 네 소산물의 처음 익은 열매로 여호와를 공경하라

그리하면 네 창고가 가득히 차고

네 포도즙 틀에 새 포도즙이 넘치리라

잠 3:9,10

만군의 여호와가 이르노라

너희의 온전한 십일조를 창고에 들여

나의 집에 양식이 있게 하고 그것으로 나를 시험하여

내가 하늘 문을 열고 너희에게

복을 쌓을 곳이 없도록 붓지 아니하나 보라

말 3:10

2. 객과 고아와 과부에게 은혜를 베푸는 일은 곧 하나님께 꾸어드리는 것이기에 넉넉히 갚아주신다

네 성중에 거류하는 객과 및 고아와 과부들이

와서 먹고 배부르게 하라

그리하면 네 하나님 여호와께서

네 손으로 하는 범사에 네게 복을 주시리라

신 14:29

셋째 해 곧 십일조를 드리는 해에

네 모든 소산의 십일조 내기를 마친 후에

그것을 레위인과 객과 고아와 과부에게 주어

네 성읍 안에서 먹고 배부르게 하라

신 26:12

가난한 자를 불쌍히 여기는 것은

여호와께 꾸어드리는 것이니

그의 선행을 그에게 갚아주시리라

잠 19:17

3. 온전한 십일조를 드릴 때 내 토지에 해로운 벌레가 없게 하신다고 하나님이 약속하신다

오직 너희를 위하여 보물을 하늘에 쌓아두라

거기는 좀이나 동록이 해하지 못하며

도둑이 구멍을 뚫지도 못하고 도둑질도 못하느니라

마 6:20

4. 빚이 있으면 빚부터 먼저 갚아야 한다

부자는 가난한 자를 주관하고

빚진 자는 채주의 종이 되느니라

잠 22:7

나는 강의를 들으며 깊이 깨닫고 또 결심했다.

'주님이 내 필요를 아시고 신실하게 채워주시는구나. 무절제한 소비를 부추기는 신용카드는 자르는 게 좋겠구나. 모든 재정의 주인은 하나님이시니 작은 소비를 하더라도 그분의 영광을 위한 것인지 생각해야겠다. 세상에서 최고의 부자는 바로 하나님이시구나!'

재정강의는 내 삶의 세세한 영역까지도 점검하고 짚어주었다. 어릴 적 가정에서 받은 재정 교육을 기반으로 성경적 재정관이 확고하게 자리 잡는 시간이었다.

더불어 '하나님의 음성을 듣는 삶' 강의도 잊을 수 없다. 강사님이 말했다.

"성경을 모른다고 겁내지 마세요. 부모는 아이가 모르는 단어를 알아듣게끔 풀어 설명해줍니다. 하나님은 우리와 대화하고 싶어 하세요. 우리가 모르는 성경 지식을 감안하셔서 오늘도 말씀하십니다."

강의는 하나님이 얼마나 인격적이시며 우리에게 어떻게 말씀하시는지, 하나님 음성을 듣고 분별하는 삶은 무엇인지를 자세히 다루었다. 음성 듣기는 은사가 있거나 특별한 사람만 가능한 게 아니라 누구에게나 허락된 축복이었다. 나는 그 축복을 누리고픈 마음에 매일 하나님께서 뭐라고 말씀하시는지 귀 기울이며 친밀한 교제의 단계로 나아갔다.

겨울이 되자 UDTS의 백미인 전도여행을 인도 첸나이로 떠났다. 한겨울에 더운 나라로 떠난다니 몹시 설렜다. 인도에 도착하자 M선교사님이 우리를 맞아주었다. 한국에서는 훈련 내내 절제와 질서만 배웠는데, 첸나이에 가자마자 선교사님이 복음 선포에 대해 말했다.

"여러분은 인도에서 추방당하면 이곳에 돌아오지 않아도 되지 않습니까? 그런데 나는 추방당하면 끝입니다. 그럼 여러분이 이곳에서 어떻게 해야 할까요? 하나님을 열정적으로 전하고, 복음을 강력하게 선포해야 합니다."

나는 속으로 쾌재를 불렀다.

'그래, 이게 YWAM(예수전도단)이지!!'

선교사님은 우리를 인도 슬럼가로 데려갔다. 우리는 거기서 복음을 담은 스킷 드라마를 선보였다. 나는 사단 역을 맡아 예수님을 십자가에 못 박고 창으로 찌르는 비열한 연기를 리얼하게 펼치다가 마지막 장면에서 흙바닥에 나가떨어졌다. 더러운 흙바닥에 철퍼덕 드러누웠는데 신기하게도 아무렇지 않았다.

우리는 하루에 두세 번씩 스킷 드라마를 선보이고 다 같이 찬양한 후에 현지인들에게 손을 얹고 기도했다.

한 달 내내 거의 손으로만 밥을 먹으며 슬럼가를 다녔다. 무더운 날씨에도 가는 곳마다 하나님의 역사하심이 눈앞에 펼쳐졌고, 내 안에는 기쁨이 넘쳤다.

'와, 나도 이렇게 현장에서 사역하고 싶다.'

선교사님이 마치 내 마음을 읽은 듯 이렇게 말했다.

"하나님은 각자의 성향과 기질을 존중하여 사용하십니다."

나는 큰 위로를 받았다. 자유가 임하고 더 큰 열정이 부어졌다. 매일 찬양하고 예배드리며 현지인에게 온몸으로 복음을 전하는 시간이 정말 행복했다.

선교사가 아닌
스타강사

UDTS를 무사히 마치고 난 후, 이상하게 몸과 마음이 지쳤다. 동아리도 학교도 재미없었다. 일상으로 돌아와 미래를 그려보니 막막하기만 했다. 문득 재수할 때 잠시 스쳐 지나간 스타강사의 꿈이 떠올랐다. 그러자 내 안에 열정이 불끈 솟았다. 재수할 때 신나게 들었던 스타강사의 강의를 다시 들어보았다.

'어떻게 이렇게 재밌지?'

몇 년 전 강의인데도 귀에 쏙쏙 들어왔다. 나는 유독 강의 듣는 걸 좋아해서 어떤 분야든 먼저 강의로 습득하곤 했다. 어느 책에 흥미가 생겨도 관련 강의를 죄다 들어보고 배경지식을 습득한 후에 책을 집었다. 그러면 훨씬 빠르고 깊게 읽을 수 있었다. 말하는 것도 좋아해서 강의 내용을 다른 사람에게 쉽고 재미있게 설명해주곤 했다. 사람들은 내 이야기를 원래 강의보다 훨씬 흥미로워했다.

더 고민할 필요가 없었다. 적성에도 맞고 돈도 많이 벌 수 있다니, '스타강사'야말로 내게 딱 맞는 직업 같았다. 나는 확신에 찬 나머지 기도도 하지 않았다. 주변에서 "너 기도해봤어?"라고 물으면 애써 외면했다. 내 결정에 하나님의 자리는 없었다. 괜히 하나님께 여쭈었다가 안 된다고 하실까 봐 두려웠다.

한번 끓어오른 열정은 좀처럼 식을 줄 몰랐다. 대학생이 고등학생용 강의를 보는 게 창피해 숨어서 보면서도 신이 났다. 당시 부모님은 내가 UDTS까지 수료했으니 당연히 사역자의 길을 가리라 기대했기에 나는 스타강사가 되겠다고 말할 수가 없었다.

가족에게는 과외 준비를 위해 강의를 본다고 둘러대며 무수한 인강을 섭렵해나갔다. 들으면 들을수록 화면 속 강사처럼 멋진 강의를 펼치고픈 마음이 커져만 갔다.

나는 하나님의 뜻을 제대로 묻지 않았다. 스타강사의 꿈은 내가 택한 길이었다. 선교, 전도, 복음의 목적은 그럴듯한 포장일 뿐 진짜 동기는 다른 데 있었다.

지금 생각해보면 나는 세상의 편견을 깨고 싶었던 것 같다. 내 주변에는 부자나 잘나가는 크리스천이 없었다. 크리스천은 사회에서 무시당하거나 고리타분하고 꽉 막힌 부류로 여겨졌다. 반면 돈이나 권력이 있는 소위 '인플루언서'들은 대중의 관심을 끌었고, 엄청난 영향력을 행사했다. 그것이 선하든 악하든 간에.

내 삶도 마찬가지였다. 하나님이 나를 사랑하시고 나도 그분을 사랑하며 세상이 줄 수 없는 기쁨과 평안을 누렸지만, 막상 세상에 나가보니 내 삶이 보잘것없는 것처럼 여겨졌다. 그게 너무 분했다. 그래서 자꾸 증명해 보이고 싶었다. 보란 듯이 성공해서 세상이 무시 못 하는 힘 있는 크리스천이 되어 선한 영향력이 뭔지 제대로 보여주고 싶었다. 그러나 그 출발은 기도가 아닌 오기였다.

혈기 가득했던 내 모습은 성경 속 말고의 귀를 베어버린 베드로를 닮아있었다. 말고의 귀를 고쳐주시며 베드로의 치기 어린 실수를 수습하셨던 예수님은 철없는 내 다짐과 기도 없이 내린 결정도 선하게 사용하셨다.

때로 내가 그분에게서 멀어지면 어떻게든 나를 돌이키시고 새로운 길로 인도하셨다. 그분의 돕는 손길이 늘 나와 함께하며 그분의 울타리 안에 보호하셨다. 설령 내가 덜컥 무언가를 선택하더라도 끝까지 살피고 돌보셨다. 이스라엘 백성들이 잘못을 반복해도 절대 포기하지 않으셨던 것처럼.

사람이 마음으로 자기의 길을 계획할지라도
그의 걸음을 인도하시는 이는 여호와시니라

잠 16:9

야곱은 레아와 라헬을 얻기까지 14년이 걸렸다. 하지만 하나님은 야곱이 아무리 고집을 부려도 결국 가나안으로 이끄셨다. 내 삶도 야곱처럼 내가 원하는 것을 선택했지만 돌고 돌아 끝내 하나님의 크신 계획대로 펼쳐졌다.

1만 시간
강의를 듣다

스타강사가 되려면 가르칠 과목을 정해야 했다. 처음에는 그나마 만만한 국어로 정했으나 동생의 조언을 듣고 영어로 바꾸었다. 국어는 당시 문과에만 집중된 과목이었고, 영어는 문·이과 통틀어 가장 중요한 과목으로 떠오를 때였기 때문이다.

그러나 내게는 치명적인 약점이 있었다. 두 번의 수능 시험에서 영어 등급이 제일 낮았고, 대학 입학과 동시에 영어와는 영영 이별한 상태였다. 그래도 전도유망한 과목을 가르쳐야 한다는 일념으로 과감히 영어를 택했다.

전략이 필요했다. 어차피 아무리 공부해도 대한민국에서 영어를 제일 잘할 수는 없을 테고, 이미 영어를 잘하는 강사가 지천이었다. 그렇다면 내 역할은 내가 영어를 유창하게 구사하는 것보다 학생의 영어 성적이 오르도록 잘 가르치는 데 있었다. 어느새 머릿속은 '학생의 영어 성적을 어떻게 높일 수 있을까'라는 고민으로 가득 찼다.

내 맘대로 정한 길이었음에도 하나님은 딱 맞는 해답을 주셨다. 내가 할 일은 A부터 Z까지 두꺼운 원서를 낑낑대며 공부하는 게 아니라, 영어를 잘 가르치는 강사들의 강의를 보고 강의력을 키우는 거였다.

영어를 잘하는 것과 잘 가르치는 건 별개의 문제였다. 좋은 대학을 많이 보내고 성적을 잘 올리는 강사가 꼭 명문대 출신 엘리트일 필요는 없었다.

'1등 영어 강사의 강의를 똑같이 연습하자. 비슷하게만 해

도 2등은 할 수 있다!'

맨땅에 헤딩하는 심정으로 영어 강사의 길에 들어선 내가 안쓰러우셨는지 하나님은 탁월한 지혜와 방법을 마구마구 부어주셨다.

나는 성적을 잘 올리기로 유명한 스타강사의 강의를 집중적으로 파고들었다. 강의 한 편을 봐도 끝장을 본다는 심정으로 치밀하게 파헤쳤다.

단순히 영어 지식을 습득하는 데 그치지 않고 강사의 말투, 호흡, 동작, 표정을 수없이 따라 하며 연습했다. 관련 교재도 전부 사서 강사가 교재를 어떻게 집필했는지, 강의 내용을 어떻게 풀어냈는지, 학생은 교재를 어떻게 활용할 수 있으며 보완할 부분은 무엇인지 빈틈없이 연구했다.

그러다 보니 학생이 어떤 마음으로 강의를 시청하며 교재로 공부하는지와 무엇을 더 원할지가 보였다. 대부분의 강사는 타 강사의 강의를 연구할 때 대충 훑어보고 뭘 가르치는지 참고하는 정도겠지만, 나는 학생의 입장을 헤아리기 위해 마치 학생이 된 것처럼 수강했다. 강사 관점으로 강의를 보면 강의 자체의 질이나 콘텐츠, 기술을 평가하지만 학생 관점으로 보면 학생들이 왜 이 강사를 좋아하고 어떤 지점에서 감동하는지 집어낼 수 있기 때문이었다.

밤낮없이 강의 연구에 몰두하다 보면, '내가 고등학생 때 이렇게 공부했더라면 얼마나 좋았을까?' 하는 아쉬움도 스쳤다. 한번은 아침 7시에 강의를 듣기 시작해서 자정까지 방에서 나오지 않은 적도 있다. 50분짜리 강의를 약 15강 정도 들은 걸로 기억한다. 그렇게 강의를 듣고 또 들었다.

강사로서 갖춰야 할 지식과 시강 기술을 익혔고, 내 강의로 재구성하여 교재도 직접 만들어보았다. 또 학생 입장이 되어 문제를 풀고 복습하며 기존 강의와 차별화된 효과를 증명하기 위해 노력했다. 대략 1만 시간 넘게 강의를 들었고, 공부한 책만 해도 수백 권이었다.

그러던 중 입영통지서가 날아왔다.

'이 중요한 시기에 군대라니.'

그때 하나님은 또다시 은혜를 허락하셨다. 신체검사 결과, 어릴 때 심장이 좋지 않아 받은 부정맥 판정으로 공익 근무 요원으로 복무하게 되었다.

동사무소 출근 첫날, 동료 공익 요원들은 쉬는 시간이면 대부분 만화책을 보거나 생산적이지 않은 일로 시간을 때웠다(스마트폰이 없던 시절이라 할 수 있는 게 그 정도였다). 나는 그들을 보며 생각했다.

'이때 영어 공부를 하면 되겠구나.'

다음 날부터 나는 쉬는 시간이나 일과를 마친 뒤 틈날 때마다 영어 단어를 외우고 문제집을 풀었다. 함께 근무하던 동장님이 "아들이 이렇게 열심히 하니까 네 어머니는 걱정이 없으시겠나"라고 할 정도로 일분일초를 아껴가며 공부에 몰두했다.

그렇게 2년 반 동안 수만 개의 영단어를 암기하고 수천 개의 문제를 풀자 출제 유형과 트렌드가 한눈에 파악됐다. 하나님이 덤으로 주신 시간에 영어 실력을 쌓으며 알차게 군복무를 마칠 수 있었다.

포기를 모르고 달리다

병아리 강사의
도발

지금은 스타강사가 꿈인 학생들이 많다. 그들의 삶이 소위 셀럽(유명인)처럼 비치기 때문이다. 요즘에는 스타강사 양성소까지 생겨서 마치 연예인 기획사처럼 지망생들이 연습생 과정을 밟기도 한다. 내가 꿈꾸던 당시만 해도 그런 곳이 없어서 나는 나름의 방식으로 준비했다.

공익 복무를 마친 후, 내가 생각해도 내 강의력과 영어 실력은 손색이 없을 만큼 늘었다. 나만큼 준비한 사람이 있을까 싶을 정도로 자신감이 충만했다. 어디서든 불러주기만

하면 학생들의 영어 성적을 쑥쑥 끌어올릴 만반의 준비가 되었다. 그러나 세상은 냉혹했고, 기회는 쉽사리 오지 않았다.

이대로는 안 되겠다 싶어서 동네 학원부터 문을 두드렸다. 여러 군데에 전화하고, 이력서를 들이밀고, 면접을 보았다.

'우선 동네 학원에 들어가자. 잘되면 중형학원에서 스카우트 제의가 오겠지. 거기서 또 잘되면 대형학원에서 연락이 올 거고, 거기서도 잘되면 사방에서 러브콜을 받는 스타강사가 될 거야!'

드디어 첫 면접일이 다가왔다. 나는 꿈에 부풀어 동네 학원으로 향했다. 원장이 내게 경력을 물었다. 강사 경력이 전무하기에 할 말이 없었지만 자신감 넘치는 목소리로 말했다.

"아직 강사로서 일해본 경험은 없지만 지난 몇 년간 저만의 수련을 했습니다. 강의를 셀 수 없이 많이 들으며 시강 능력을 키웠고, 수만 개의 단어 암기와 문제 풀이를 병행했습니다. 아마 서점에 있는 영어 교재 중에 안 풀어본 게 없을 겁니다. 저는 준비된 인재입니다. 믿고 맡겨주십시오!"

원장은 내 말을 전혀 이해하지 못하는 눈치였다. 구술 면접은 그 정도로 끝이 났고, 시강할 차례였다. 그동안 갈고닦은 강의 실력을 처음 선보일 공간은 10명 남짓 들어갈 만한 작은 교실이었다. 앞쪽에 칠판이 걸려있고 빨강, 파랑, 하양 분필이 가지런히 놓여있었다. 나는 그 앞에 떨리는 마음으로 섰다. 원장과 다른 영어 선생이 나란히 앉아 나를 응시했다.

나는 호흡을 가다듬고 온 신경을 집중했다. 연습하고 또 연습한 스타강사의 포스와 자세, 눈빛을 재현했다. 그리고 영상에서 본 대로 스타강사의 첫마디를 토씨 하나 틀리지 않고 똑같이 내뱉었다.

"너희들이 지금까지 배운 영어는 다 쓰레기다!"

속으로 희열을 느꼈다. '이제 됐다!' 싶었다. 교실 안은 고요했다. 이 감동이 객석까지 전달되지 않은 걸까, 원장이 어이없다는 듯 나를 쳐다보았다. 나는 개의치 않고 15분 동안 강의를 이어갔다. 시간이 어떻게 흘렀는지 기억나지 않을 만큼 심취한 상태로 강의를 마쳤다.

'완벽했어!'

첫 시강은 더할 나위 없이 만족스러웠다. 집에 돌아가 원장의 합격 문자만 기다리면 되었다.

그날 밤, 나는 연애를 막 시작한 사람처럼 휴대폰을 꼭 쥐고 답이 오기만을 기다렸다. 설렘과 떨림, 긴장이 절정에 이르렀을 무렵 휴대폰이 진동했다. 떨리는 손으로 폴더를 열었다.

'선생님은 우리 학원과 맞지 않는 것 같습니다.'

짧막한 문장을 마주한 순간, 온몸에 힘이 풀렸다. 허탈한 심정이 실망과 화로 번졌다.

'대한민국 최고 강사의 강의를 그대로 구현했는데 나를 떨 어뜨리다니!'

나는 바로 답문을 보냈다.

'원장님은 오늘 대한민국 최고의 인재를 잃으셨습니다.'

내게 문제가 있다는 생각은 하지 않고, 그의 판단이 틀렸 다는 생각만 가득했다. 속상해할 가치도 없다고 스스로 위 안하며 다른 학원에 지원서를 또 넣었다.

여러 군데에 원서를 넣었지만 면접의 기회조차 주어지지 않았다. 제대 후 1년간, 이십 대 중반까지 뼈아픈 거절감과 기다림은 계속됐다.

요즘 청소년 집회에 가면 듣는 단골 질문이 있다.

"하나님은 준비된 사람을 쓰신다는데, 준비된 저를 왜 안 써주시는 걸까요?"

이 답답한 심정을 나는 잘 안다. 나도 매일 같은 질문을 하나님께 드렸기 때문이다. 그 시절을 떠올리며 차분히 말해 준다.

"하나님의 때는 네 생각과 다를 수 있어. 우리 스스로 완벽히 준비되었다고 여겨져도 하나님이 보시기에 더 다듬어야 할 부분이 있을 수 있지. 답답하고 힘들겠지만 겸손하게 '하나님의 때'를 구하며 기도의 끈을 놓지 않았으면 좋겠어."

말은 이렇게 했지만 당시엔 나도 하나님의 때보다 '나의 때'를 구했다. 나를 몰라보는 세상과 원장들이 미웠다. 그리고 내 계획대로 한 발짝도 움직일 수 없어서 괴로웠다. 그럼에도 '나는 완벽하다'라는 생각에 하나님을 전혀 의지하지 않았다. 하나님은 그런 나를 사용할 수 없으셨을 것이다. 삶의 광야기에는 반드시 이유가 있음을 그때는 알지 못했다.

마침내 찾아온 기회

어느 날, 예전 과외 선생님이 학원을 개원했다는 소식을 들었다. 내 안에 작은 희망이 피어올랐다. 과외 받을 당시 내가 공부를 못했기에 무턱대고 그를 찾아가서 강의하겠다고 하면 안 시켜줄 게 분명했다. 우선 안부 전화를 걸고 찾아갔다. 학원 원장이 된 선생님과 이런저런 얘기를 나누다가 용기 내어 말했다.

"저, 수능 영어 강의를 해보고 싶습니다."

그의 반응은 예상했던 대로였다.

"너 고등학교 때 영어 못했잖아. 무슨 강의를 하니?"

"그동안 준비를 많이 했어요. 수련이라고나 할까요."

뭘 준비했는지 나열해도 별 감흥이 없을 것 같아서 다시한번 간곡하게 말했다.

"맡겨만 주시면 원생들의 영어 성적을 반드시 올려놓겠습니다. 제발 강의하게 해주세요!"

거의 사정하다시피 하자 그가 물었다.

"급여는 어떻게 주면 되겠니?"

"원하는 대로 주시면 됩니다."

그는 탐탁지 않은 얼굴로 내가 강의하도록 허락해주었다. 그 학원은 한 교실에 4명 정도 들어가는 소형학원이었다. 내 최종 목표는 수만 명 앞에서 멋지게 강의하는 스타강사였지만, 당장은 찬밥 더운밥 가릴 때가 아니었다. 몇 명이 앉아있더라도 최고의 강의를 선물하고 싶었다.

수업 첫날, 그동안 공들여 준비한 수능 영어 강의 교안을 챙겨 갔다. 강의실에는 중학생 4명이 앉아있었다. 알고 보니 내가 맡은 5개 반이 모두 중학생 반이었다. 준비해 간 수능 강의는 쓸모가 없었다. 내게 주어진 90분을 무엇으로든 대체해야 했다.

첫 시간인 만큼 동기부여가 중요하다고 생각했다. 나는 아이들의 학습 의욕을 끌어올리기 위해 먼저는 내가 얼마나 대단한 사람인지 알려주고, 나를 만난 게 일생일대의 축복이라는 것과 앞으로 영어 공부를 어떻게 해나갈지 차근차근 설명했다.

그렇게 반을 돌며 자기 자랑이 다분한 비전을 제시하고 첫 주가 끝날 무렵 원장이 나를 불렀다.

"도대체 수업하며 뭐라고 말한 거니? 애들이 네 수업에 푹 빠졌더라."

"저는 그저 수업을 열심히 했을 뿐입니다."

사실 수업보다는 학습 방향과 비전을 제시했지만, 이것도 강사의 역할이라고 생각했다. 원장의 의심스러운 표정에도 신경 쓰지 않았다. 애초에 나에 대한 기대가 거의 없었으니 당연한 반응이었다.

한 달이 지나고 첫 월급날이었다. 이전에 과외할 때 일주일에 2시간씩 두 번 수업하면 월 30만 원 정도를 받았다. 이를 기준으로 학원 수업료를 계산하면 적어도 150만 원은 될 줄 알았는데 통장에는 고작 70만 원이 찍혀있었다.

'내 가치가 이것밖에 안 되는 걸까?'

자괴감이 몰려왔지만 그만둔다고 할 수도 없었다.

'그래, 실력으로 증명하자.'

나는 더욱 열심히 아이들을 가르쳤다. 처음 품었던 꿈을 날마다 머릿속에 그리며.

'여기서 잘하면 중형학원에서 스카우트 제의가 올 거고, 거기서는 대형학원의 러브콜을 받겠지. 결국 나는 대한민국 스타강사로 우뚝 설 거야!'

또다시 하나님의 뜻을 조금도 묻지 않고, 내 생각대로 최선을 다했다. 당장 눈앞에 있는 4명의 성적을 책임지지 못하면 내 미래는 없다고 생각했다. 수강생이 4명이든 400명이든 최고의 강의를 선보이는 게 진정한 프로라고 생각해서 정말 열심히 강의를 준비했고, 최선을 다해 가르쳤다.

다른 시간제 강사들은 90분 수업을 위해 30분 준비했지만, 나는 6시간 이상 준비했다. 과하리만큼 열심을 내는 강사 덕에 아이들의 성적은 눈에 띄게 향상되었고, 6개월쯤 되자 드디어 입소문이 퍼져 수강생이 늘기 시작했다.

다른 길로
이끄시다

수강생이 늘었으니 월급을 인상해달라고 당당히 요구하자 원장이 흔쾌히 승낙했다. 기대하는 마음으로 통장을 열어보니 80만 원이 찍혀있었다.

'고작 10만 원…?'

그래도 별수 없었다. 이직할 때가 아니니 그저 최선을 다하는 수밖에.

'원장이 인정할 만한 실력을 보여주자.'

그렇게 1년 6개월이 지나자 나를 보고 찾아오는 학생들이 제법 생겼다. 또다시 원장을 찾아갔다.

"원장님, 이제 월급을 올려주실 때가 되지 않았습니까?"

그다음 달에는 통장에 90만 원이 입금되었다.

'아, 여기 있다가는 내 인생이 이대로 끝나겠구나.'

더는 머물러있을 수 없었다. 이직을 결심하고 학원을 운영하는 지인을 물색하던 중, 중학교 때 다니던 학원의 한 선생님이 개원했다는 소식을 들었다. 그 학원은 수학, 과학, 영어를 가르치는 종합 학원이었다.

나는 선생님에게 그동안의 스토리를 쭉 말하며 영어를 가르치고 싶다고 말했다. 다행히 선생님은 내게 몇 가지를 물어본 후에 바로 허락해주었다.

첫 이직은 비교적 순조로웠다. 남들은 이직할 때 이것저것 따져가며 고민한다지만 나는 경력도 길지 않은 데다 재고 따질 형편이 아니었다. 강의할 수 있는 것만으로도 감지덕지했다. 학원을 둘러보니 15명 이상 들어가는 큰 교실에 학생도 많았다. 하지만 역시 중학생들이었다.

급여를 논의할 시점이 다가왔다. 나는 이전 학원의 첫 월급이었던 '70만 원'을 먼저 말했다. 이직할 때는 급여를 올려서 협상하는 게 일반적인데, 나는 처음부터 다시 시작하는 심정으로 제안했다. 사실 급여를 얼마 받든 내게는 크게 중요하지 않았다.

'이 학원 역시 스타강사의 꿈을 향해 거쳐 가는 정거장일 뿐이야. 주어진 자리에서 최선을 다하며 인정받는 게 중요해.'

그래서 첫 수업부터 열정적으로 가르쳤다. 철저한 수업 준비는 기본이고 아이들 한 명 한 명을 세심하게 챙겼다. 시간이 지나자 급여가 조금 오르긴 했으나 이전과 비슷한 수준이었다. 이직해도 별반 다를 게 없는 현실에 스스로 돌파구를 찾기로 했다. 나는 원장을 찾아가 제안했다.

"단과를 열어보고 싶습니다. 전단지도 직접 돌리고 신규 학생도 모집해오겠습니다. 수업 내용과 시간, 교재도 제가 정하고 준비하겠습니다. 수익은 학원과 5대 5로 나누고 싶습니다."

원장은 얼마간 고민하더니 승낙해주었다. 그날 밤새 전단지를 만들어 새벽 5시에 근처 고등학교 앞에 나가 2주 동안 전단지를 돌렸다. 그래도 드디어 나만의 단과를 열 수 있다는 생각에 전혀 힘들지 않았다.

개강 첫날, 강의실에는 딱 10명이 앉아있었다. 그중 8명은 기존 정규반 학생이고, 신규 학생은 2명뿐이었다. 그것도 전단지를 보고 온 게 아니라 수업을 듣던 친구 소개로 왔다고 했다. 밤낮 고생한 결과가 단 2명이라니…. 낙심할 뻔했지만 똘망똘망한 두 학생을 보니 의지가 불끈 솟았다.

'이 둘에게 인생 최고의 강의를 해주자. 3만 명, 30만 명 앞에서 강의하는 스타강사처럼 멋지게!'

그렇게 첫 단과 수업에 전력을 쏟고 교무실로 돌아오자 온몸에 힘이 풀렸다.

'잠도 안 자고 전단지 돌리며 준비했는데…. 인간의 힘으로는 안 되나 보다. 하나님이 내 길을 막으시나 보다.'

맹목적으로 돈을 좇아 스타강사가 되려는 건 아니었지만

아무리 노력해도 제자리걸음일 때면 하나님이 내 꿈을 반대하시는 것처럼 느껴졌다. 그때까지 돈은 나쁜 것이고, 하나님은 돈을 싫어하시며, 돈을 많이 버는 건 죄악이라고 생각했기 때문이었다. 그때 누군가 교무실 문을 두드렸다. 좀 전에 강의를 들은 신규 학생이었다.

"무슨 일이니?"

"친구 소개로 왔는데, 오늘 강의가 너무 좋아서요. 감사합니다!"

알고 보니 그 친구는 전교에서 1,2등을 놓치지 않는 수재였다. 그런 학생에게 인정을 받으니 가슴이 벅찼다. 그동안의 내 노력을 모두 보상받은 기분이었다.

생애

첫 출장 과외

나는 첫 단과반을 최선을 다해 가르쳤다. 적은 인원이었지만 학생들도 진지하게 수업에 임했고, 나도 모든 걸 쏟아부었다.

어느 날, 그 전교권 학생이 교무실로 나를 찾아왔다.

"선생님, 제가 안산동산고에 합격해서 안산으로 이사하는데요, 혹시 오셔서 과외를 해주시면 안 될까요?"

그동안 정이 들어 계속 가르치고 싶었지만 너무 멀어서 거절할 수밖에 없었다.

"미안한데, 내가 거기까지는 못 갈 것 같아."

그러자 이튿날, 학생의 어머니로부터 전화가 걸려왔다.

"선생님, 아이가 꼭 선생님께 배우고 싶다는데 어떻게 안 될까요?"

"어머니, 과외는 보통 일주일에 최소 2시간씩 두 번 방문수업을 합니다. 다만 제 수업 방식은 학생이 테스트를 통과할 때까지 하루에 여덟 번도 재방문하기 때문에 안산까지 오가기는 어렵습니다."

"그럼 과외비를 더 드리기 위해 학생을 모으면 어떨까요? 몇 명 정도면 좋으세요?"

그룹을 만들어서라도 과외를 받고자 하는 학부모의 간곡함이 수화기 너머로 전해졌다. 나는 잠시 비용을 따져본 후에 답했다.

"3명 정도면 가능할 것 같습니다."

그런데 나머지 2명이 좀처럼 나타나지 않았다. 하는 수 없이 그 학생과의 마지막 수업을 준비할 무렵에 어머니가 다시 제안했다.

"제가 3명 과외비를 다 드릴게요."

나는 적잖이 놀랐다. 그렇게 큰돈을 한 학생에게 받아본 적이 없었고, 부모 입장에서도 자녀의 한 과목 과외비로 부담스러운 액수였기 때문이다(거액이 오가는 대치동 과외비 시세를 몰랐을 때 얘기다). 일단 어머니를 직접 만나서 이야기하기로 하고 전화를 끊었다. 정말 그 과외비를 지불할 형편이 되는지 확인해야 마음 편히 받을 수 있을 것 같았기 때문이다.

약속 당일, 학생이 나를 어머니의 사업장으로 데려갔다. 어머니는 3층짜리 찜질방을 운영하고 있었다. 혹여 적자가 나는 상황은 아닐까 걱정돼서 학생에게 월 매출을 물었다. 학생은 당찬 목소리로 "한 달에 3천에서 5천 정도예요"라고 말했다.

그 어머니가 혹 선생님이 묻거든 답하라고 일러준 건지, 막 중학교를 졸업한 아이가 부모 사업장의 월 매출을 알고 있었다. 어쨌든 과외비 걱정은 사라졌다. 그날 학생 어머니와 이야기를 나누며 더욱 안도했고, 얼마 뒤 안산에서 첫 과외를 시작했다. 감사하게도 학생이 입학한 고등학교가 기독교 학교여서 아이가 기도하는 게 익숙했기에 우리는 늘 기도로 수업을 시작했다.

그러나 여전히 과외비가 마음에 걸렸다. 사실 1명에게 90만 원을 받는 것이 3명에게 30만 원씩 받는 것보다 확률적으로 유리했다. 3명 중 1명이 그만두면 수업료가 줄어들 위험 부담이 높기 때문이다. 하지만 어릴 적 우리 가정의 상황과 부모님을 떠올리면 내가 받을 수업료보다 학생 부모님의 재정적 부담이 더 신경 쓰였다. 그래서 학생에게 언제든 같이 과외할 친구가 있으면 부담 없이 데려오라고 했다.

수업은 여느 때보다 활기를 띠었다. 나는 2시간 과외를 위해 6시간 동안 준비했고, 열정을 쏟은 만큼 학생의 성적도 급등했다. 하루는 아이가 상기된 얼굴로 말을 꺼냈다.

"선생님, 드디어 같이 과외를 받고 싶다는 친구가 생겼어요!"

"그러니? 그럼 같이하자."

"그런데… 수업을 들어보고 결정하겠대요."

'뭐? 수업을 들어보고 결정을 해?'

나는 그 학생의 태도가 좀 건방지다고 느껴서 보란 듯이 어려운 수업으로 준비해갔다. 그리고 그에게 수업 내내 질문 공세를 퍼부으며 겸손한 자세로 공부해야 하는 이유와 이 과외의 특장점을 강조했다.

수업을 마치고 영혼이 탈탈 털린 표정으로 돌아간 그 학생이 얼마 뒤 친구 2명을 더 데려왔다.

　"선생님, 이 친구들과 새로운 그룹을 만들어도 될까요? 아무래도 먼저 하던 친구와 실력 차이가 좀 나는 것 같아요."

　졸지에 기존 학생과 더불어 3명을 더 가르치게 되었다. 그때부터 과외를 받겠다고 찾아오는 학생이 기하급수적으로 늘어 1년 만에 8개 팀이 꾸려졌다. 어느새 나는 명문 고교생들 사이에서 인기 과외 선생님으로 통했다. 내 휴대폰에는 "저희도 과외 받고 싶어요"라는 문자와 전화가 빗발쳤다.

　눈코 뜰 새 없이 바쁘게 아이들을 가르치던 어느 날, 불현듯 불안감이 엄습했다.

　'이러다가 스타강사는 언제 하지? 소형학원에서 중형학원, 대형학원, 그리고 스타강사라는 최종 목적지가 있는데…. 나는 지금 어디쯤 온 걸까? 이렇게 과외만 해도 되는 걸까?'

　수입도 괜찮고 강의 실력도 입증되었지만 내 꿈을 향해 어떻게 나아가야 할지 막막하기만 했다.

PART 2

나와
다른 **길**을
계획하시는
하나님

CHAPTER

1

하나님의 방법으로 연단하시다

말도 안 되는

발상

돌파구가 필요했다. 삶이 계획대로 흘러가지 않자 마음이 조급해졌다. 그래서 한 방에 스타강사가 되는 길을 모색하기 시작했다.

이때도 왜 하나님께 기도하지 않았는지 지금은 아쉬움이 많이 남는다. 그분은 내 계획과는 비교도 안 될 만큼 큰 꿈을 꾸시고 놀라운 방법으로 인도하시는데, 나는 여전히 내가 주인이 되어 모든 걸 결정하려고 했다.

사실 내 안에 두 마음이 공존했다. 내가 추구하는 성공을 이루려는 마음과 하나님이 내 성공을 싫어하신다는 불안감. 이 모든 게 기도하지 않아서 나타난 증상이었지만, 반대로 기도의 자리로 나아가지 못하는 이유이기도 했다.

'기도했다가 하나님께서 그만하라고 하시면 어쩌지.'

이런 두려움이 내 안에 있었기 때문이다. 하나님은 나를 사랑하시기에 가장 선한 길로 인도하시며 내 아버지이시기에 내게 무엇이 필요한지 가장 잘 아신다. 내가 원하는 걸 지금 당장 손에 쥐여주시지 않더라도 그것이 진정 나를 위한 길이다.

이런 진리를 그때는 알지 못했다. 또 내게 신뢰와 용기, 지혜가 부족했다. 그분을 신뢰하지 않는 자에게는 어렵고 무거운 멍에가 주어진다는 걸 모른 채, 나는 내 힘으로 흙을 파고 길을 내어 '스타강사'라는 꿈을 향해 힘겨운 한 발 한 발을 내디뎠다.

그 방편으로 떠오른 게 유학이었다. 당시 수중에 과외로 번 돈이 7천만 원 정도 있었다(이십 대 중반, 친구들 사이에서 내 별명은 '재벌'이었다. 주변에는 스스로 벌어서 이 정도 자산을 가진 친구가 한 명도 없었다).

나는 과외비를 받으면 십일조와 아동결연 후원금을 내고, 인터넷 강의와 교재 구입 비용을 제외한 나머지는 모두 저금했다. 어디에? 바로 아버지에게.

이십 대 초에 내가 과외로 돈을 벌기 시작하자 아버지는 그 돈을 맡기면 연 12퍼센트 이자를 주겠다고 했다. 처음 제 힘으로 돈을 번 아들에게 저축의 묘미를 알려주고픈 나름의 교육이었던 것 같다.

곰곰이 따져보니 파격적인 제안이었다. 연 12퍼센트 이자라니, 100만 원을 맡기면 매달 1만 원, 1천만 원을 맡기면 매달 10만 원을 이자로 받는 셈이었다. 그야말로 돈이 샘솟는 조건이어서 과외비로 번 돈을 전부 아버지에게 맡겼다. 그렇게 모은 7천만 원이었다.

'이 돈이면 미국에서 여유롭게 유학 생활을 할 수 있겠지?'

나는 막연히 미국 유학을 꿈꾸며, 원하는 대학 50여 곳의 홈페이지에 일일이 들어가 학비를 알아보았다. 그리고 내 눈을 의심했다. 예상했던 액수보다 '0'이 하나씩 더 붙어있었다.

당시 우리나라 대학의 한 학기 학비가 300-400만 원이어서 미국 대학은 아무리 비싸도 1천만 원 정도겠거니 했는데, 크나큰 오산이었다. 게다가 학비뿐 아니라 생활비도 마련해야 하는 상황이어서 내 전 재산으로는 어림도 없다는 걸 알았다.

또래 친구들 사이에서는 재벌로 불렸지만, '미국 유학'이라는 거대한 장벽 앞에서는 몹시 초라했다. 이쯤 되면 유학의 꿈을 접을 만한데 나는 계속해서 방법을 궁리했다. 이때는 기도가 절로 나왔다.

'하나님, 도와주세요. 제가 가진 돈으로는 미국에서 1년도 못 버팁니다. 졸업은커녕 아무것도 못 하고 돌아올 수도 있어요. 어떻게 하면 좋을까요?'

기도하는 중에 문득 아이디어가 떠올랐다.

'지금 한국에서 과외하는 학생들을 미국에 가서도 계속 가르칠 수 없을까?'

미국에서 동영상 강의를 촬영해서 한국으로 보내면 한국에 있는 관리자 선생님이 학생들에게 영상을 나눠주고 강의를 잘 들었는지 점검하는 방식이면 가능할 것 같았다.

사실 말도 안 되는 발상이었다. 일주일에 두 번, 2시간씩 직접 방문하여 가르치던 학생들에게 영상으로 공부하라고 하면 좋아할 리가 없었다. 그렇다면 그 부분을 상쇄할 만한 플러스 요인을 만들면 될 것 같았다.

'그래, 수강료를 낮추자!'

길이 막히면 방법을 찾고 또 찾았다. 미국 유학, 아니 스타강사의 꿈은 가장 강력하고 절실한 동기부여였다. 이런 도전과 모험도 잃을 것 없는 시절이었기에 가능했다고 생각한다. 만일 지금처럼 가장으로서 생계를 책임져야 하는 상황이었다면 엄두도 내지 못했을 것이다.

영상 강의의
시작

하나님은 내가 그분의 뜻과 상관없는 것을 구할 때도, 그분을 사랑하는 순수한 마음만 잃지 않는다면 묵묵히 기다리며 선하게 인도해주셨다.

그때만 해도 나는 '영상 강의 아이디어'가 기도 중에 떠오른 발상이니 하나님이 주신 거라고 굳게 믿었다(그렇게 믿고 싶었는지도 모른다). 그래서 곧장 학습 방식의 변화를 설명하고 동의를 구하기 위해 학생들을 강남의 한 스테이크 가게로 불러 모았다. 맛있는 식사로 아이들의 마음을 활짝 연 다음, 본론을 꺼냈다.

"얘들아, 선생님이 조만간 미국으로 유학을 갈 거야."

역시나 아이들 표정이 좋지 않았다. 난 지체하지 않고 '하나님이 주신 방법'으로 아이들을 안심시켰다.

"그런데 미국에서도 너희를 가르칠 수 있을 것 같아."

아이들은 궁금한 표정으로 나를 보았다. 내가 말했다.

"선생님이 미국에서 동영상 강의를 제작할 거야. 하루에 1시간씩 주 5일 동안 볼 수 있도록, 매주 강의를 제작해서 보내 줄 거야. 그러면 한국에서 다른 선생님이 일주일에 한 번 너희를 찾아가서 테스트를 보고 점검할 거야. 당연히 너희가 완벽하게 익힐 때까지 재방문할 거고.

무엇보다 영상 강의로 바뀌니까 수강료는 반값으로 줄일 거야. 수강료 부담도 덜고 더 좋은 강의도 들을 수 있으니까 나를 믿고 따라와 주면 좋겠다."

'과외비 반값'이라는 혁신적인 제안 때문이었을까, 학생들은 아무 불평 없이 수긍했다. 한시름 덜고 저녁 만찬을 즐겁게 마친 뒤 집에 돌아왔는데 또 다른 근심이 산더미처럼 쏟아졌다.

'한국에서 관리해줄 선생님은 어디서 구하지?'

'강의 영상을 올리려면 홈페이지가 필요한데···. 그럼 매달 유지비만 천만 원 넘게 나올 텐데 어떻게 감당하지? 홈페이지 말고 다른 방법은 없을까?'

'강의 영상을 혼자서 어떻게 찍지? 카메라와 칠판은? 많이 비싸려나?'

온갖 염려가 머릿속을 가득 메우자 또다시 무릎이 꿇어졌다.

'하나님, 제 계획을 학생들에게 다 말했는데 막상 실현하려니 문제가 많습니다. 이 난관을 제가 어떻게 헤쳐나가야 하나요?'

기도 중에 하나님께서 욕심을 부리지 말라는 마음을 주셨다.

'처음부터 욕심을 부리지 말라는 말씀이신가?'

나는 하나님이 주신 마음을 깊이 묵상했다.

'어떤 일이든 처음부터 모든 걸 갖출 수는 없어. 지금 당장 좋은 카메라와 칠판, 번듯한 홈페이지가 없더라도 차분히 하나씩 갖춰나가면 돼. 무엇보다 강의 하나만큼은 자신 있으니 뭐가 문제야!'

용기가 솟고 자신감이 생겼다. 당장 할 일이 떠올랐다.

'그래, 강의부터 찍자!'

나는 즉시 70만 원짜리 캠코더와 5만 원짜리 화이트보드, 영상을 인코딩하기 위한 100만 원가량의 컴퓨터를 구매했다. 강의를 위한 설비는 준비되었는데, 빠진 게 있었다. 바로 학생 관리를 도맡아 해줄 선생님을 채용하는 일이었다.

내 주변에는 영어를 잘하는 사람이 많지 않았다. 하지만 개중에 한 명은 있겠지 하는 심정으로 휴대폰에 번호가 저장된 모든 친구와 후배에게 전화를 걸었다. 아니나 다를까, 영어를 잘하는 지인들은 이미 다른 일을 준비하고 있었고, 그 외에는 내 제안이 안정적인 미래를 담보하지 못할 것 같다며 거절했다.

속이 상할 법도 했지만, 거절로 인한 상처나 좌절감보다는 오기 비슷한 힘이 솟았다. 대개 자존감이 낮은 사람은 이런 상황에서 인생을 통째로 곱씹으며 깊은 자괴감에 빠진다.

'나는 이것밖에 안 되는 존재구나. 누구도 나와 함께하고 싶어 하지 않는구나. 인생을 헛살았구나….'

반면에 자존감이 높은 사람은 나처럼 반응한다.

'반드시 잘해내서 내가 틀리지 않았음을 보여줄 거야.'

그리고 그 일에 더 열정적으로 뛰어든다.

마땅한 선생님을 찾지 못해 골똘히 생각하던 중 의외의 인물이 떠올랐다. 내가 가장 잘 설득할 수 있는 상대, 바로 친동생이었다. 나는 동생을 앉혀놓고 내 꿈과 비전, 지금까지의 모든 이야기를 들려주고는 선생님 자리를 제안했다.

나보다 훨씬 이성적이고 합리적인 동생은 내 설명을 쭉 듣더니 말했다.

"그래서 얼마 줄 거야?"

"영상 수업으로 전환하면서 과외비를 반값으로 줄일 거

야. 그 수입을 너랑 나랑 반반씩 나눠 갖자. 어때?"

동생은 내 제안이 솔깃했는지 알겠다고 했다. 그날부터 동생에게 인수인계를 시작했다. 당시 나는 26세, 동생은 대학 졸업을 1년 남겨둔 25세였다. 우리는 모든 일을 함께 추진했다.

가장 중요한 건 영상 촬영이었다. 따로 촬영할 만한 장소가 없어서 내 방 한쪽 벽에 화이트보드를 걸고 구석에 캠코더를 설치했다. 리모컨으로 캠코더를 켜고 고정된 카메라 프레임에서 벗어나지 않도록 조심조심 움직이며 강의했다. 열정적으로 강의하다가 프레임 밖으로 나가면 처음부터 다시 찍어야 했다.

물론 내 꿈은 화려한 조명과 넓은 강의실 한 벽을 꽉 채운 칠판 앞에서 형형색색의 분필을 바꿔가며 수많은 학생에게 강의하는 것이었지만, 이렇게라도 강의 영상을 찍을 수 있어서 뿌듯했다. 캠코더 앞에 설 때마다 미래의 학생들과 내가 설 강단을 눈앞에 그리며 되뇌었다.

'이 영상은 내 데뷔 무대야. 언젠가 수십만 명이 내 강의를 보게 될 거야.'

내가 밤새 촬영하는 동안, 동생은 강의 영상을 보며 학생들을 어떻게 관리할지 감을 잡아갔다. 마지막 남은 과제는

'이 영상을 어떻게 아이들에게 전달하느냐'였다.

당시는 유튜브 같은 동영상 플랫폼이 전무(全無)했기에 가장 원시적인 방법을 생각했다. 바로 학생의 컴퓨터에 영상을 직접 옮겨주는 것. 하지만 일일이 가정방문을 할 수 없어서 USB(이동형 데이터 기억 장치)를 활용하여 학생이 영상을 담아가도록 했다. 메일로 보내는 것보다 훨씬 빠른 방법이었다.

뜻밖의 길이
열리다

영상 강의 시스템이 도입되자 학습 형태에도 큰 변화가 있었다. 학생들은 각자 강의를 듣고 일주일에 한 번 동생을 만나 점검을 받았다. 학생이 테스트를 볼 때 동생은 USB에 새로운 강의 영상을 넣어주었고, 학생이 완벽하게 학습할 때까지 재방문하여 지도했다.

나는 강의 촬영과 유학 준비를 병행하며 정신이 없었다. 그런데 뜻밖의 일들이 벌어졌다. 영상 강의는 단지 유학을 위한 임시방편일 뿐인데 학부모들의 관심과 문의 연락이 빗발쳤다.

"선생님, 저희가 아이들을 3명 모았는데요, 영상 나눠주고 관리해준다는 과외를 받을 수 있을까요?"

전화가 매일 10통 넘게 걸려오면서 수강생이 금세 30명이 넘었다. 그러자 관리해줄 선생님도 더 필요했다. 급히 연락을 돌렸지만 선뜻 자원하는 사람이 없었다. 문득 교회의 착한 동생이 떠올랐다. 내 제안에 그 친구가 말했다.

"제가 영어는 못하지만, 오빠를 믿고 한번 해볼게요."

그렇게 두 번째 관리자 선생님을 채용하고, 나는 영어와 친하지 않은 그를 위해 따로 과외를 해주었다.

수강생이 70명까지 늘었을 무렵, 우리는 날마다 환호성을 질렀다. 그런 중에도 내 꿈은 변함없었다.

'이건 어디까지나 유학을 위한 준비 과정일 뿐이야. 미국에 다녀오면 반드시 대형 인터넷 강의 회사에 초빙돼서 수백 명에게 강의하는 날이 올 거야!'

스타강사가 되고 싶은 열망은 여전했다. 꿈을 향한 일념 하나로 버티던 시절이었다. 그때까지도 나를 향한 하나님의 다른 계획이 있는 줄은 꿈에도 몰랐다. 그분의 크신 섭리가 이미 내 삶에 운행하고 있었는데도 말이다.

어느 날, 한창 유학 준비에 열을 올리고 있는데 동생이 진지한 얼굴로 다가와서 말했다.

"형, 유학 가지 마."

갑작스러운 말에 어이가 없었다.

"무슨 소리야?"

"솔직히 유학 다녀온다고 스타강사가 된다는 보장도 없잖아."

"그동안 내가 얼마나 열심히 준비했는데. 난 반드시 갈 거야."

동생은 계속 나를 설득했다.

"형, 갔다 오면 돈만 날리고 맨땅에서 다시 시작할 가망이 높아. 가지 마."

나는 다시 한번 강하게 말했다.

"야, 내가 지금 영상 찍는 것도 다 그 꿈을 위해서야."

"형! 우리가 학원을 크게 키워서 유명해지면 대형 인터넷 사이트에서 형을 주목할 거고, 스카우트할 거야. 아니면 우리가 만든 프로그램을 인수하면서 형을 스타강사로 앉힐 수도 있고. 실제로 지금 그런 일들이 벌어지고 있잖아."

당시 한국은 인터넷 강의 열풍이었다. 모 인터넷 강의 회사의 시가 총액(기업가치)이 2조 원이 넘었고, 막대한 자금을 투자해 동네 학원을 인수하여 원장들을 스타강사로 데뷔시

컸다. 동생의 말은 일리가 있었다. 내 확고한 생각이 조금씩 흔들렸다. 동생의 한마디가 쐐기를 박았다.

"형이 유학 준비에 쏟는 에너지를 수업에 쏟아부으면 올해 수강생 200명도 넘게 모을 수 있어. 그러니까 유학 가지 마."

결국 나는 동생의 탄탄한 논리와 현실적이고도 날카로운 지적에 설득당하고 말았다. 명색이 영어 선생인데 미국 땅 한 번 밟아보지 못한 게 한이 됐지만, 미래가 창창한 한국에서 시스템을 발전시켜 스타강사로 데뷔하기로 전략을 전격 수정했다. 경로만 재설정한 것일 뿐, 스타강사의 꿈은 여전히 내 안에 꿈틀거렸다.

인생이 그렇다. 우리는 고작 눈앞에 일어나는 일만 보고 하나님께 기도한다.

"하나님, 제 계획대로 꿈을 이루어 하나님께 영광 돌리게 해주세요."

그러나 하나님의 계획은 사람의 것보다 무궁무진하다. 우리는 자기 계획대로 흘러가지 않으면 '실패'라고 여기지만, 하나님은 그 실패마저 재료로 삼으시고 우리가 예측할 수 없는 일들을 놀랍게 이뤄가신다.

이 책을 쓰는 시점에 우리 회사의 기업가치는 3,300억이며, 비대면 시대에 대한민국을 선도하는 '온·오프라인 블렌디드 지식공유 플랫폼'이 되었다. 많은 사람이 내게 묻는다.

"어떻게 그런 아이디어를 생각해내셨어요? 역시 창의적이어야 성공하는군요!"

이런 말을 들을 때마다 몹시 민망하다. 나는 기껏해야 '인터넷 스타강사'라는 평범한 꿈을 품었지만 주님은 더 큰 비전을 불어넣어 전무후무한 길을 내셨다. 하나님의 하나님 되심, 그분의 스케일에 감탄하며 그 크신 이름을 찬양할 뿐이다.

지금 이 책을 읽는 당신에게 고민스럽고 걱정되는 문제가 있다면 당신을 뛰어넘어 역사하시는 하나님을 무조건 신뢰하며 기도하길 바란다.

쓰리제이에듀의
시작

나는 결국 유학을 포기하고 사업에 본격적으로 뛰어들었다. 먼저 수업할 공간부터 마련했다. 학생들을 직접 찾아가 영상을 나눠주고 관리하는 것보다 학생들이 수업 공간에 오는 게 여러모로 효율적이어서 원룸을 임대했다.

원룸 주인이 학생이 몇 명이나 되냐고 물었다. 사실대로 말하면 허가를 안 해줄까 봐 20명 정도라고 대충 얼버무렸다. 이후 학생들이 그 조그만 원룸에 끝도 없이 줄지어 드나들어서 이내 들통이 나고 말았다.

우리는 학원을 정식으로 차리기로 하고 학원 이름을 논의했다. 내 영어 이름이 'John'이어서 'J'는 꼭 넣고 싶었다. 동생의 이름이 '재원'이어서 역시 'J'가 들어갔다.

"어, J가 두 개네?"

생각해보니 이 일을 함께해주시는 예수님도 Jesus, 'J'였다. 내가 말했다.

"예수님이 우리 둘을 인도하시니까 예수님이랑 나랑 너를 의미하는 '제이제이제이'(JJJ) 어때?"

"형, 제이제이제이가 뭐야? 무슨 노래방 이름 같잖아!"

"그럼 '쓰리제이' 어때?"

"오, 좋아!"

우리는 사람들이 학원 이름의 뜻을 물으면, "예수님이 함께하신다는 뜻입니다"라고 자랑스럽게 말하고 싶었다. 동생과 나는 다짐했다.

"나중에 우리 학원이 유명해지면 더 많은 사람에게 학원 이름에 담긴 예수님을 멋지게 알리자."

그런데 놀라운 일이 벌어졌다. 2011년 첫해에 수강생이 270명으로 껑충 뛴 것이다. 하지만 기쁨도 잠시, 고3 학생들이 졸업하면 다시 120명만 남는다는 생각에 걱정이 밀려왔다.

'아냐, 0명에서 시작했는데 120명이 남은 것만도 감사한 일이지.'

나는 염려를 물리치고 후년을 계획했다.

"우리 내년에는 1천 명에 도전하자!"

사실 내가 학생 수에 신경 쓰는 더 큰 이유가 있었다. 수강생이 늘어서 학원 인지도가 높아져야 대형 인터넷 강의 회사에서 나를 스카우트하거나 학원을 인수할 확률이 커지기 때문이었다.

나는 스타강사로 데뷔할 날만 꿈꿨다. 얼마나 확신에 차 있었냐면, 스타강사가 되어 떠날 날을 대비해서 학원 사업자 명의를 동생 이름으로 해두었을 정도였다.

개원한 지 1년이 될 무렵, 드디어 첫 결실이 맺혔다. "끝까지 관리하고 책임지자"라는 신념을 변함없이 붙든 결과, 수능을 치른 학생의 90퍼센트가 1,2등급을 받아 좋은 대학에 진학했다. 학생들이 시험을 잘 봤다며 선물과 문자, 감사 편지를 엄청나게 보내왔다.

이듬해 120명의 아이들을 데리고 학원을 새단장했다. 규모를 확장하고 새로운 커리큘럼을 만들었다. 대형학원과 유명 강사들의 강의를 모니터링하며 어떻게 효과적으로 가르칠지 아이디어를 얻었다.

당시 한 침대를 쓰던 동생과 나는 아침에 일어나서 잠드는 순간까지 쓰리제이에듀 이야기를 열정적으로 나누었다. 학원의 발전 방향과 개선할 점을 논의하다가 잠들고, 일어나면 다시 이야기를 이어나갔다. 동생과 학원을 꾸려가는 모든 순간이 정말 즐거웠다.

그즈음 학원에 놀라운 부흥이 일었다. 그해 하나님은 수강생 660명을 보내주셨다. 그중 약 300명이 졸업하고 나머지 360명과 2012년을 시작했다. 2013년도 수강생은 1천400명 가까이 되었다. 그중 약 700명이 졸업하고 나머지 700명가량과 2014년을 시작했는데, 그해 수강생이 4천200명으로 껑충 뛰어올랐다. 눈으로 보고도 믿을 수 없는 숫자였다.

욕심이 틈탄
자리

하루가 다르게 학원이 성장하면서 이전에는 만져본 적 없는 액수의 돈이 들어왔다. 분원(지역 직영학원)은 차리기만 하면 대박이 났다. 그러자 학원을 더 번듯하게 키우고픈 마음이 불쑥 올라왔다.

당시 본사와 분원의 원장들은 수평적인 관계에서 동료애를 갖고 일했다. 하지만 이런 운영 방식이 아마추어 같아서 마음에 들지 않았다. 대기업처럼 체계적인 시스템을 갖추어 본사의 콘텐츠와 결정 사항을 각 분원에 일사천리로 전달해 실행시키고 싶었다.

또한 본사가 '컨트롤 타워'로서 분원들의 교육청, 타 학원과의 관계를 비롯해 모든 살림과 업무 내용을 속속들이 알고 통제하고 싶었다. 그러기 위해서는 시스템의 전면적인 개혁이 필요하다고 판단했다. 이 모든 생각은 내 안에 슬그머니 고개를 든 명예욕에서 출발한 거였다.

우리가 하나님의 성전을 지을 때 그 성전은 오직 하나님의 영광으로 가득 차야 한다. 조금이라도 사람의 욕심이나 높아지려는 마음이 틈타면 안 된다. 그러나 나는 하나님의 이름보다 내 이름을 높이고 싶었다. 실속 있는 회사가 아닌 큰 기업을 만들어서 누가 봐도 멋지고 화려한 본사와 사무실을 갖고 싶었다.

그러나 동생은 나와 생각이 달랐다. 생각의 차이에서 오는 괴리감으로 대화는 점점 메말라갔다. 내 관심사는 온통 학원의 외적인 성장이었다. 그래서 동생에게 말했다.

"어떻게 하면 우리 학원이 세상에 알려질 수 있을까?"

하지만 동생은 시큰둥했다.

"수강생이 꾸준히 늘고 있으면 됐지 굳이 드러낼 필요가 뭐 있어?"

우리는 추구하는 게 확연히 달랐다. 이견이 생길 때마다 동생은 나를 붙잡고 설득했지만 내 뜻은 완강했다. 하루는 동생의 만류에도 불구하고 지방 분원의 원장들을 모두 불러 통보했다.

"앞으로 우리는 일류 교육기업으로 거듭나기 위해서 기존 방식을 버리고 체계적이고 조직적인 기업으로 탈바꿈할 것입니다."

조직에 변화를 줄 때는 구성원의 마음을 잘 살피고 동의를 구해야 한다. 이들이 받아들일 준비가 안 된 상태에선 아무리 좋은 시스템을 제시한들 의미가 없기 때문이다. 그런데 나는 이 점을 철저히 간과했다. 하루빨리 세련된 시스템을 갖추어서 우리도 큰 교육기업임을 세상에 알리고 싶었다.

개혁의 명분은 양질의 커리큘럼과 콘텐츠를 모든 분원이 일률적으로 사용하기 위함이라고 내걸었지만, 진짜 동기는 내가 높아지고 싶은 마음이었다. 결국 동생이 회사에서 나가겠다고 했다.

"형, 그동안 고마웠어. 난 형이 잘됐으면 좋겠어."

동생의 마지막 당부는 내 안에 깊이 박혔다. 지금은 그 말이 정신 차리라는 따끔한 조언이었음을 안다. 하지만 그때는 동생의 마음을 알지 못했다. 나는 철저히 귀를 닫고 있었다.

동생이 떠난 후에, 나는 회사의 중앙집권화를 위한 대대적인 개혁을 단행했다. 수강생에게 불필요한 것도 겉으로 그럴싸해 보이거나 내 눈에 맞다 싶으면 일방적으로 요구했다. 회사가 돋보이기 위해서라면 꼭 필요한 게 아니어도 강행했다.

분원 원장들이 반기를 들며 어려움을 토로했지만, 나는 차분히 듣지도, 대안을 찾지도 않고 큰소리만 쳤다. 동생이 나간 뒤 회사에 문제가 생겼다는 소리를 듣는 게 가장 큰 치욕이었기 때문이다.

본질을 빗나간
개혁

본질만 좇을 때는 하나님께서 복에 복을 더해주셨다. 그러나 욕심에 사로잡힌 내 초점은 어느새 과녁을 완전히 벗어나 있었다.

나는 모든 분원을 한 법인으로 통합하고, 학원의 결제 시스템과 보고 체계도 일원화했다. 원장들이 마음이 상해서 하나둘 떠나기 시작했다. 나는 순순히 따르지 않는 원장들에게 분노가 치밀어 올라 개혁 드라이브에 가속을 붙였다.

'아니, 이 좋은 걸 왜 안 하려고 하지? 내 말만 따르면 우리 회사가 대외적으로 더 인정받을 수 있는데, 왜 기존 방식만 고수하지?'

하나님은 인격적이셔서 내 수준과 눈높이에 맞게 말씀하시고 세심하게 인도하신다. 만약 그분이 우리 삶을 일방적으로 몰아가신다면 그게 아무리 좋은 길이라고 한들 과연 몇 명이나 버틸 수 있을까.

꼭 필요한 경우에는 그저 믿고 순종하며 따라오라고 하시지만, 열에 아홉은 우리가 알아듣게끔 차근차근 알려주시고 부드럽게 이끄신다. 그분이 우리 아빠 아버지이시다.

그런데 나는 그 아버지의 자녀가 맞나 싶을 정도로 완고하고 완악했다. 직원들은 묻지도 따지지도 못한 채 내 일방적이고 강압적인 개혁에 끌려왔다.

그때 예상치 못한 문제가 발생했다. 당시 어느 교육회사도 30개 정도 되는 분원을 법인으로 통합해 본사에서 관리하는 시스템을 갖춘 곳이 없었다. 다시 말해, 롤 모델로 삼을 만한 회사가 없었다. 따라서 이런 일을 해본 변호사나 회계사도 없었다. 전문가들에게 물어봐도 확실한 답을 안 해주니 미칠 노릇이었다.

엎친 데 덮친 격으로 무리한 개혁을 단행한 나머지 여기저기서 소음과 파장이 일었다. 불만과 서운함을 품고 퇴사한 원장들은 나와 회사를 향한 민원을 여러 기관에 제기했다. 회사에 남은 직원들조차 내가 제시하는 비전을 기대하기보다 억지로 따라오는 시늉만 했다. 그 와중에 회사에 대대적인 세무조사까지 들이닥쳤다.

안에서도 내 편을 들어주는 사람이 없고, 밖에서는 거센 민원과 나를 음해하는 목소리가 들려왔다. 거기에 세무조사까지…. 사방이 벽으로 꽉 막힌 듯 캄캄했다. 낮에는 어떻게든 버티다가도 밤에 침대에 누우면 하염없이 눈물이 흘렀다.

그러나 나는 밖에서는 찔러도 피 한 방울 안 나올 것처럼 행동했다. 약한 모습을 보이면 안 된다는 생각 때문이었다. 원장들의 아우성에 눈 하나 꿈쩍 안 했고 조금도 물러서지 않았다. 직원들이 그만두겠다고 찾아올 때마다 가슴이 찢어 졌지만 타이르거나 사정을 이해하려는 일말의 노력도 없이 쿨한 척 내보냈다.

속은 타들어 가고 영혼은 메말랐다. 그때라도 하나님 앞에 무릎을 꿇었어야 했다. 하지만 마음속에는 분노만 차올랐다. 함께 일하는 모든 사람이 미웠다. 나를 이해해주는 사람이 아무도 없다고 느꼈다. 누군가의 진심 어린 조언조차 불신했다.

심지어 직원의 태도가 진심인지 아닌지 확인하려고 필요 없는 일까지 지시하며 의중을 떠봤다. 스스로 모두를 적으로 만들어버린 것이다.

'동생이 나가고 회사가 더 성장해야 내 리더십을 증명할 수 있어. 안 그러면 난 손가락질 받을 거야. 반드시 잘돼야 해.'

머릿속을 지배하는 왜곡된 생각이 숨통을 조여왔다. 처음 학원을 세웠을 때의 마음, 학생 한 명 한 명을 끝까지 책임지고 가르친다는 본질은 잃은 지 오래였다. 그 결과, 그간 구축해놓은 '완전학습 시스템'이 한순간에 무너졌다.

쓰리제이에듀는 설립 초기부터 '성적 올려주는 학원', '이해할 때까지 알려주는 학원', '완전학습을 책임지는 학원'을 모토로 삼았다. 우리 학원의 강점은 선생님이 먼저 강의를 학습한 후에 학생을 점검해주는 시스템에 있었다. 여기서 내 역할은 선생님들이 강의를 충실히 학습하는지, 학생을 꼼꼼히 관리해서 실력을 올리는지 확인하는 일이었다.

그러나 개혁과 맞물려 내가 이 역할에서 완전히 손을 놓으니 선생님들은 강의를 듣지 않았고 아무런 준비 없이 학생을 맞이했다. 그러자 덩달아 학생들도 강의는 듣지 않고 옆 친구의 책만 베껴왔다. 당연히 성적이 뚝뚝 떨어졌다. 나는 이런 학습 현장의 악순환이 되풀이되는 줄 전혀 모르고 있었다.

회사 상황뿐 아니라 나와 하나님과의 관계도 점점 혼탁해졌다. 마치 성경 속 화려한 성전을 짓는 데 집착하여 믿음의 본질을 놓친 이들처럼, 명분은 주의 이름을 드높이기 위함이라고 하면서 정작 주님은 까마득히 놓치고 있었다.

신앙의 본질은 하나님이 내 아버지이시고 나를 사랑하셔서 예수 그리스도를 보내셨다는 것, 그래서 죽을 수밖에 없는 나를 구원하시고 영생을 살게 하셨다는 사실이다. 이 본질을 잊고 다른 것에 집중하면 삶의 주인이신 예수님이 사라지고, 그 외에 불순물과 때가 잔뜩 낀다.

초심을
잃다

내가 학원을 시작할 때 절대 양보할 수 없는 원칙과 소신이 있었다. 바로 아버지가 그토록 강조했던 '정직'이었다.

'학부모에게 거짓말하지 말자. 학생이 공부를 못하는데 잘한다고 하지 말자. 최선을 다해 가르쳐도 안 될 것 같으면 차라리 솔직하게 말하고 내보내자.'

이것이 내가 생각하는 정직이었다. 그래서 만든 게 '제적 (除籍) 제도'였다.

"어머님, 죄송합니다. 학생이 경고를 받았는데도 학습 태도가 변하지 않습니다. 다른 학원을 알아보셔야 할 것 같습니다. 더 있어도 되지만 이대로는 성적이 오르기 힘들 겁니다."

아이의 상태를 사실 그대로 학부모에게 전하면 결과는 두 가지였다. 내보내거나 새로운 다짐을 받아내거나.

물론 학생 수가 수익에 직결되기에 쉬운 결정은 아니었다. 하지만 돈 몇 푼 때문에 학부모를 속이고 학생의 정체된 상태를 묵인한 채 계속 잡아두는 건 양심이 허락하지 않았다. 학생을 위한 대책을 정직하게 권면하고 공부할 의지가 없으면 내보내는 게 맞다고 생각했다.

제적 제도는 학원의 자부심이자 신념이었기에 개원 후 단 한 번도 타협하지 않고 꾸준히 실행했다. 그러나 동생이 떠나고 학원 안팎에 문제가 발생하자 매출이 걱정되기 시작했다.

'지금도 나를 욕하면서 퇴사하려는 사람들이 많은데, 회사 성장률마저 떨어지면 자리에서 물러나야 할지도 몰라. 내가 옳다는 걸 증명하려면 매출이 올라야 해. 그런데 이 제도를 계속 시행했다간 성장률이 더 떨어질 거야.'

이런 얄팍한 염려가 머릿속을 가득 메운 2015년 어느 날, 개원 이래 처음으로 제적 제도가 무너졌다. 내보낼 요건이 충분한 학생도 남겨두었고, 형편없는 성적을 받아오거나 수업 태도가 불량해도 내버려 두었다. 심지어 그만둔다는 학생까지 붙잡았다. 정말 해서는 안 될 일이었다.

학생들은 학원이 간섭하지 않고 나가려는 친구마저 붙잡는 걸 보자 태도가 돌변했다. 선생님이 조금만 옳은 소리를 해도 "저 나갈 거예요"라며 위협 아닌 위협을 해왔다. 당연히 아이들의 영어 성적은 곤두박질쳤다.

그렇게 초심을 잃고 매출에 연연하는 정책을 펼친 결과, 수강생은 4천 명에서 1만 명으로 늘었지만 한낱 실속 없는 거품이라는 걸 모두가 알고 있었다. 그럼에도 나는 직원과 선생님들을 한자리에 불러놓고 큰소리쳤다.

"여러분, 제가 하라는 대로 하니까 성장하잖아요. 수강생이 무려 1만 명이나 되지 않았습니까? 앞으로도 잘 따라와 주세요."

겉으로는 자신감이 넘쳤지만 내 눈에 학원은 모래 위에 세운 집처럼 불안하고 위태롭게 보였다. 그래도 더 기세 좋게 보이려고 분원을 30개에서 45개로 늘렸다. 아니나 다를까, 그해 수능 성적은 완전히 바닥을 쳤다. 그쯤이면 정신을 차릴 만도 한데 나는 직원들에게 또다시 호언장담했다.

"여러분, 2016년에는 수강생이 1만5천 명까지 늘어날 겁니다!"

마침내 2016년, 개혁의 허점과 실상이 슬슬 드러나기 시작했다. 기존 고3 학생이 졸업하자 수강생 약 1만 명 중 6천 명 정도가 남았고, 신규 수강생은 좀처럼 늘지 않았다. 이전처럼 마케팅 시스템을 전부 가동했지만 제자리걸음이었다. 기존 학생들조차 학원에 대한 불신과 불만이 가득했다.

나는 조바심이 났다. 그제야 어디서부터 잘못된 건지 돌아보았다.

'대체 뭘 잘못한 걸까? 일개 동네 학원을 일류 교육기업으로 키우기 위해 내가 총대를 멨을 뿐인데⋯. 이 변화를 받아들이지 못한 사람들이 중간에 나갔을 뿐인데 어쩌다 이런 결

과를 맞게 된 걸까?'

문득 지난날 내 잘못이 파노라마처럼 스쳐 지나갔다. 개혁을 단행하는 과정에서 학생과 선생님, 학부모에게 잘못한 일과 본질을 망각한 어리석은 행동들이 하나하나 떠올랐다.

'문제는 나였구나. 내가 많은 걸 놓치고 있었구나….'

뼈저린
깨달음

나는 본사 직원과 분원 원장님, 선생님들을 한자리에 불러 모았다.

"여러분에게 고백할 게 있습니다. 저는 최근 회사의 외형을 바꾸고 시스템을 개혁하는 데 집중했습니다. 하지만 쓰리제이에듀를 처음 세웠을 때의 마음가짐을 잃고 회사가 더 좋아 보이는 데만 치중했습니다.

물론 필요한 부분도 있었지만, 그 가운데 놓친 게 너무 많습니다. 진심으로 반성합니다. 올해부터는 다시 본질로 돌아가려 합니다. 우리 안에 무너진 것을 살펴보고 돌이킵시다!"

그동안 놓친 게 너무 많았다. 개혁이란 이름으로 외형적인 기강 잡기에만 몰두하느라 본질을 놓치고 있었다. 더 늦기 전에 돌아가야 했다.

나는 학습 현장을 점검했다. 분원의 원장들은 본사에서 시키는 것들을 처리하느라 눈치 보기 바빴고, 정작 제일 중요한 학생 관리에 소홀한 상태였다. 이 부분이 가장 시급했다.

기존 체계에서 모든 원장은 학생과 똑같이 강의를 보고 내게 테스트를 받았다. 그런 다음 그들이 다시 각 분원의 선생님을 테스트하고, 선생님은 같은 방식으로 학생을 테스트했다.

이 과정이 없으면 선생님은 학생에게 단순히 "잘했어?", "어땠어?" 등 피상적인 질문만 던질 뿐 학생의 학습 정도를 파악하기 어렵다. 반면, 선생님이 먼저 학생이 듣는 강의를 학습하고 이 강의의 필요성을 공감하면 학생의 완전학습을 이끌어낼 수 있다.

이런 교육 철학은 학원을 지탱하는 중요한 기둥이었다. 그러나 내가 외형을 개혁하는 데 몰두하느라 원장들을 테스트하지 않자 어느새 강의를 듣는 직원이 아무도 없었다. 나는 전체 분원에 공지했다.

"여러분, 한동안 소홀했던 직원 테스트를 부활시키겠습니다. 앞으로 여러분도 강의를 듣고 테스트를 받으며, 학생을 어떻게 지도할지 고민해주시기 바랍니다."

원장들은 당혹스러워했다. 이전부터 함께해온 원장들은 이전 체계로 돌아가는 것에 부담을 느꼈고, 그동안 많은 원장이 그만두고 교체되는 바람에 이런 시스템이 금시초문인 새로운 원장들은 영어 테스트를 받으라는 말에 큰 충격을 받은 듯했다.

성경을 보면 홍해의 기적을 경험한 세대와 광야에서 태어난 다음세대, 즉 자녀세대는 하나님을 향한 마음이 다르다. 자녀세대는 '우리 민족을 애굽 땅에서 건져주신 하나님'을 부모세대로부터 전해 들었을 뿐, '그 기적의 하나님이 오늘 나를 인도하신다'는 믿음이 희박했고, 하나님을 향한 신뢰가 깊지 않았다. 그래서 이들은 광야를 지나며 끊임없이 불평하고 불만을 쏟아냈다.

직원 테스트를 부활시킨다는 말에 불편한 기색을 보이는 사람들이 꼭 광야를 건너는 이스라엘 백성 같았다. 홍해를 건넌 부모세대의 말을 받아들이지 못하고 거부 반응을 보이는 모습이 똑같았다. 급기야 몇몇 원장들은 사직서를 내밀었다.

기존 방식을 바로 세웠을 뿐인데 좋아지긴커녕 그만두는 직원이 속출하자 '멘붕'이 왔다. 이 거대한 배를 어떻게 끌고 나갈지 막막했다.

'본질로 돌아가려는 건데 왜 저렇게 반응할까?'

이 과정에서 또다시 여러 원장이 교체되었지만 나는 멈추지 않고 무너진 기초를 세워나갔다. 바른길로 돌이키기 위한 대가라고 생각했다. 신기하게도 마음이 평안했다.

다음 과제는 '소통'이었다. 나는 수직적인 소통 구조를 탈피하기 위해 학생 및 직원들에게 계속해서 다가갔다. 홈페이지에는 '대표에게 바란다'라는 공간을 만들어 학생이 하고 싶은 이야기를 적을 수 있도록 했다.

또, '대표님 만나주세요'라는 자리를 마련해 선생님들과 일주일에 한 번씩 학습 현장의 고충을 듣고 해결해나갔다. 그뿐 아니라 45개 분원을 직접 다니며 학생들과 대화하고 꿈과 비전을 심어주었다.

현장의 목소리를 귀담아들으며 놓친 부분을 회복하다 보니 또 하나의 허점이 발견되었다. 바로 원장들을 관리하는 '지구장'이라는 중간 관리자를 잘못 세운 거였다. 성숙하지 않은 지구장이 원장들을 관리하다 보니 중간에 마찰이 빚어졌고, 지구장의 말만 듣던 나는 원장들의 억울한 상황을 헤아리지 못했다.

그래서 중간 관리 직책을 없애고 본사에 분원을 관리하는 팀을 새로 만들었다. 그 결과 원장들과 직접 소통하며 매주 상황 보고를 받고 분원을 더 면밀하게 살펴볼 수 있었다.

그즈음 나는 정재민 이사(현 디쉐어 대표이사)에게 쓰리제이 에듀의 총괄을 맡겼다. 그와는 2년 정도 함께 일하며 때마다 현명하고 지혜롭게 일 처리하는 모습을 봐온 터라 믿고 맡길 수 있었다. 든든한 동료 덕분에 본질을 되찾는 '진짜 개혁'은 성공적으로 마무리되었다.

2016년 끝자락, 약 2천 명의 수강생이 졸업했다. 그들의 수능 성적은 정말 대박이었다. 이듬해 약 4천 명이 남았다. 그 인원이 1년간 유지되면 회사가 몹시 힘들어질 수도 있었지만 나는 전혀 두렵지 않았다. 본질을 회복하기 위한 노력은 헛되지 않을 거란 믿음이 있었다. 그렇게 맞이한 2017년에 수강생은 4천 명에서 1만2천 명으로 늘어났다.

하나님께서는 이스라엘 백성이 '사람 왕'을 세우길 원치 않으셨다.

"내가 있지 않냐? 왜 또 왕을 세우려 하느냐? 나로 충분하지 않으냐?"

그러나 이스라엘 백성들은 듣지 않았다.

"우리에게 눈에 보이는 왕을 주십이오. 저 이방 나라들처럼 왕을 세워 강성한 국가를 만들고 싶습니다."

이스라엘 모든 장로가 모여

라마에 있는 사무엘에게 나아가서 그에게 이르되

보소서 당신은 늙고 당신의 아들들은

당신의 행위를 따르지 아니하니

모든 나라와 같이 우리에게 왕을 세워

우리를 다스리게 하소서 한지라

우리에게 왕을 주어 우리를 다스리게 하라 했을 때에

사무엘이 그것을 기뻐하지 아니하여 여호와께 기도하매

여호와께서 사무엘에게 이르시되

백성이 네게 한 말을 다 들으라

이는 그들이 너를 버림이 아니요 나를 버려

자기들의 왕이 되지 못하게 함이니라

내가 그들을 애굽에서 인도하여낸 날부터 오늘까지

그들이 모든 행사로 나를 버리고

다른 신들을 섬김같이 네게도 그리하는도다

… 백성이 사무엘의 말 듣기를 거절하여 이르되

아니로소이다 우리도 우리 왕이 있어야 하리니

우리도 다른 나라들같이 되어 우리의 왕이 우리를 다스리며

우리 앞에 나가서 우리의 싸움을 싸워야 할 것이니이다

하는지라

삼상 8:4-8,19,20

이스라엘 백성은 본질을 놓치고 있었다. 그들은 이웃 나라에 뒤지지 않는 멋진 궁전과 강력한 군대를 원했지만 하나님은 그분 한 분만 의지하길 원하셨다.

우리에게는 하나님이 함께하신다. 그분은 세상의 모든 화려함과 아름다움을 능가하시고, 세상의 권위 있는 사상이나 논리, 검증된 경영 방식과 정책을 뛰어넘으신다.

하나님의 어리석음이 사람보다 지혜롭고

하나님의 약하심이 사람보다 강하니라

고전 1:25

나는 이스라엘 백성들이 범한 실수를 다시는 저지르지 말자고 다짐했다.

'화려한 것에 취해 본질을 놓치지 말자.'

폭풍 같은 시간을 보내며 많은 걸 깨달았다. 그중 가장

큰 수확은 두 가지였다. 첫째, 아무리 좋은 계획과 방향성도 동료와 논의하고 공감하며 협력해야 한다. 둘째, 본질을 붙들면 나머지는 알아서 채워진다. 심지어 매출까지도! 동생과 처음 쓰리제이에듀를 시작했을 때 마음이 꼭 그랬다.

놀랍게 부어주시는
축복

이후 모든 경영은 본질 중심이 되었다. 회사는 나날이 성장해 대한민국을 대표하는 교육기업이 되었지만, 나는 오직 본질만 생각하며 한눈팔지 않았다.

본질은 오로지 학생의 성적을 올리는 것이었다. 본사의 위치가 어디인지, 투자를 어디서 받을 것인지, 기업의 재무제표가 있는지는 중요하지 않았다. 회사 규모가 점점 커졌지만 대외 홍보에 힘쓰지 않았기에 인지도가 당연히 낮았다. 예전의 나라면 못마땅했을 일이지만 이제는 아니었다.

이 기업의 왕은 오직 하나님 한 분이시고, 그분만이 우리의 자랑이시기에 세상에 알려지지 않았다고 속상해할 필요가 없었다. 화려한 본사와 세련된 기업 이미지는 때가 되면 주님이 선물해주시리라 믿고 맡기신 일을 묵묵히 해나갈 뿐이었다.

2017년, 약 1만2천 명의 수강생 중 약 4천 명이 수능을 보고 대부분 좋은 성적을 거두었다. 나는 학생 관리를 도맡아 하는 선생님들에게 고마움을 전하고 싶어서 1년에 두 번 최고급 뷔페에서 함께 즐기며 격려하는 시간을 마련했다. 또한 매주 화요일에 3시간씩 실시간 온라인 영상 세미나를 열어 선생님들과 학습 방향을 공유하고 논의했다.

평소 본사에서 새로운 정책을 발표하면 직원들의 반응은 "하라니까 해야지", "또 바뀌었네", "왜 하는지 모르겠다" 등이 대부분이었다. 정책에 문제가 있어서라기보다 상명하복의 소통 방식 때문이었다. 하지만 직원들과 만남의 장을 마련하자 원활한 상호 이해와 신뢰 관계가 형성되었다.

모든 구성원이 충분히 대화하고 조율하며 작은 변화에도 빠르고 민감하게 대처했고, 더 나은 방안을 모색할 수 있었다. 일방적으로 밀어붙일 때보다 서로 마음이 이어질 때 일도 수월했고 결과도 좋았다. 번거로워 보여도 꼭 필요한 과정이었다.

2018년에는 수강생 1만5천 명을 달성했다. 약 6천 명이 좋은 수능 성적을 거두고 졸업했다. 나머지 약 9천 명으로 시작한 2019년은 2만 명을 기록하며 끝맺었다.

놀라운 성장세였지만 중요한 건 숫자가 아니었다. 하나님이 복을 부어주실수록 더욱 본질 중심의 정직한 회사 경영을 하기 위해 힘썼다. 새로운 브랜드를 출시할 때도 이 사업이 학생에게 꼭 필요한지를 점검하며 딴마음이 틈타지 않도록 경계했다.

하나님께서 이때까지 기다리신 걸까? 우리 회사는 뜻하지 않게 본사를 지방에서 서울로 이전할 계기를 맞았다.

주님이 왕이신 기업

하나님의 때 1.
새 산지를 주소서

회사가 성장하자 더 많은 인재가 필요했다. 그러나 본사가
지방에 있어서인지 대대적인 채용 공고에도 경쟁률은 거의
1대 1이었다. 이유를 알아보니 대학을 갓 졸업한 사회 초년
생들은 서울, 그것도 강남의 회사를 선호한다고 했다.

그나마 지원한 사람들의 이력도 자격 미달인 경우가 대부
분이었다. 영어 콘텐츠 제작 부문 지원자 중에 높은 토익 점
수나 영어 실력을 갖춘 사람은 거의 없었다. 미디어팀, 마케
팅팀, 홍보팀 등에도 인력이 필요했지만 공고를 여러 차례 내

도 지원자가 나타나지 않았다.

임원급 고용은 더욱 어려웠다. 여러 헤드헌터 업체에 문의해도 대부분 난색을 표했다. 사실 임원급이 지방 본사까지 출근하기는 쉽지 않다는 걸 알고는 있었다. 게다가 당시 우리 회사는 투자받은 이력이 없어 기업가치도 공개되어 있지 않았다. 간혹 임원급 몇 명이 지원하기는 했으나 그저 경험 삼아 면접을 보러 온 사람들이었다. 연봉을 1.5배로 올려도 상황은 마찬가지였다. 나는 고민 끝에 결론을 내렸다.

'이제 투자도 받고 서울로 본사 이전도 해야 할 때구나.'

그리고 달라진 마음가짐으로 기도했다.

'하나님, 이제는 정말 필요해서 구합니다. 본사를 옮길 때가 맞습니까?'

놀랍게도 하나님은 기다리셨던 것처럼 내 기도가 그분 뜻에 합한 기도라는 마음을 여러 번 주셨다. 나는 확신을 갖고 서울로 이전할 장소를 알아보았다. 그런데 아무리 돌아다녀도 마땅한 곳이 보이지 않았다.

나는 회사에 대한 자부심이 강했다. 하나님의 도우심으로 남부럽지 않게 성장했고 역경도 잘 극복했으며, 앞으로의 발전 가능성도 높다고 확신해서 어딜 가든 자신 있게 회사를 소개했다. 그러나 내 생각과 실상은 정말 달랐다.

한번은 서울의 한 부동산 중개업체에 가서 명함을 내밀며 회사 이전할 곳을 찾는다고 하자 중개인이 의심의 눈초리로 재차 확인하기도 했다. 또 마음에 쏙 드는 건물이 있어 소유주를 만나 이야기해보려 했더니 우리 회사가 들어오면 건물의 격이 떨어진다며 문전박대했다.

거절을 당할 때마다 마음이 상하기도 했고, 뻔히 비어있는 사무실을 정당한 월세를 내고 임대한다는데도 거부하는 그들을 보며 세상 사람들이 얼마나 외형에 큰 가치를 두는지 깨달았다. 심지어 어떤 건물주는 우리 회사의 3년 치 재무제표를 보여달라고 했다. 매매도 아니고 임대로 들어가는데 수많은 증빙 자료를 제출하라고 하니 기가 막혔다.

당시 우리 회사는 대출받은 경험이 없어서 외부감사(기업의 회계가 여러 기준에 따라 적정하게 이루어졌는지 외부 기관에 검증받는 것)를 받을 필요가 없었다. 재무제표를 만들면 전자공시를 통해 인터넷에 회사의 매출과 수익이 명시되지만 내 생각엔 굳이 큰돈 들여 공시할 바엔 그 재정으로 좋은 콘텐츠를 개발하는 게 더 현명하다고 여겨졌다. 그러다 보니 회사의 내실은 탄탄했지만 외형으로는 무엇 하나 내세울 게 없었다.

나는 본사 이전이 막히자 주변에 도움을 구했다. 우리 회사가 후원해오던 기아대책의 유원식 회장님에게 조언을 구했더니 잠실 롯데월드타워를 추천해주었다.

"내가 예전 회사에서 사장으로 근무할 때 롯데월드타워에서 입주 제안을 받았는데 못 갔어요. 아마 지금 공실이 있을 테니 한번 알아보세요."

다음 날, 나는 무턱대고 잠실로 향했다. 그곳에는 세계에서 다섯 번째로 높은 건물이 화려한 외관을 자랑하며 끝도 없이 솟아있었다. 지방 본사 건물과는 차원이 달랐다. 순간 마음이 위축되었지만 그 앞에서 간절한 마음으로 기도했다.

'하나님, 우리가 갈 곳이 여기가 맞다면 모든 절차를 순조롭게 인도해주세요.'

나는 가는 곳마다 거절당했던 기억을 뒤로하고 당당히 롯데월드타워 측 관계자를 만났다. 그런데 놀랍게도 사무실 임대가 성사되었다. 그들이 우리를 환대하며 여러 배려를 해주어서 좋은 층 알맞은 규모의 사무실에 순조롭게 입주하게 됐다.

나를 비롯한 본사 직원 대부분이 지방 출신이어서 그때까지 서울에서 일해본 적이 없었다. 우리 모두는 너무나 기뻤다.

'그냥 인(in)서울 정도가 아니고, 서울 전역에서 보이는 초고층 건물에 새 사무실이 생기다니!'

우리는 이사 갈 날만 손꼽아 기다렸다. 입주 첫날, 35층

대표이사실에서 서울의 탁 트인 전망을 바라보며 탄성과 함께 첫 감사기도를 하나님께 올려드렸다.

'하나님! 지난날 제가 외형적으로 더 멋져 보이려고 어리석게 행동했을 때, 그것들이 중요한 게 아니라고 하셨지요. 그 말씀을 뼈저리게 깨닫고 본질을 좇았더니 이런 좋은 공간을 선물로 주시네요. 감사합니다!'

본사가 지방에 있을 때는 거래처에 명함을 내밀면 꼭 듣는 말이 있었다.

"여기가 어디지요? 이 동네는 한 번도 안 가봐서….”

나는 설명해도 알까 싶어 어색한 웃음만 지었다. 하지만 이제는 회사를 소개할 때 긴말이 필요 없다.

"우리나라에서 가장 높은 빌딩 아시죠? 거기예요.”

그러면 상대가 척 알아듣고 분위기가 훈훈해진다. 이런 소소한 즐거움을 맛볼 때마다 하나님께 감사드린다. 하나님은 낮아지려는 자를 세우시고, 그분을 순수하게 사랑하는 자를 특별히 아끼신다. 하나님은 오늘도 내게 말씀하신다.

'네가 내 앞에서 낮아지려 애쓰고 내게 온전히 집중하면 나는 너를 반드시 높일 거야. 나는 네 하나님 아버지란다.'

본사를 이전하고 채용 공고를 내자 반응이 정말 뜨거웠다. 1대 1이던 경쟁률이 순식간에 30대 1로 치솟았고, 덕분에 좋은 인재를 채용하여 기업 성장에 박차를 가할 수 있었다. 그러나 임원 채용은 여전히 어려웠다. 대부분 임원급은 기업가치를 보고 이직하는데, 우리 회사는 증명된 게 아무것도 없으니 연락이 오지 않는 게 당연했다. 그래서 나는 훌륭한 임원을 채용하기 위해 투자를 받기로 결정했다.

하나님의 때 2.
투자를 받다

솔직히 고백하면 그때까지 나는 투자의 '투' 자도 몰랐다. 투자를 어떻게 받는지에 대한 개념이 전무했다. 한 기업의 주식을 사면 그 기업의 주주가 된다는 게 내가 아는 투자 프로세스의 전부였다. 그러나 알고 보니 책 2권 분량으로도 다 못 담을 만큼 복잡한 개념이었다.

우선 투자를 받으려면 외부감사 이력이 필요했다. 나는 급히 회계법인에 감사를 의뢰했고, 마침내 인터넷상에 회사 정보가 공개됐다. 기업가치가 대외적으로 인정받자 투자자들이 찾아오기 시작했다.

본사가 지방에 있을 때도 "쓰리제이에듀에는 꼭 투자해야 한다"라고 소문을 내준 고마운 지인들 덕분에 몇몇 투자자가 찾아왔었다. 그러나 본사 위치가 지방이라는 이유로 소극적인 반응을 보이며 돌아가곤 했다. 하지만 이번엔 달랐다. 여러 곳에서 투자를 적극 제안해왔다. 나는 섣불리 움직이지 않고 먼저 하나님 앞에 무릎을 꿇었다.

'하나님, 투자받는 본질을 잊지 않겠습니다. 임원을 뽑는 것도 오직 학생과 학부모, 직원들을 위함입니다. 좋은 투자자를 만나게 하시고 본질에 부합한 결정을 내리도록 지혜를 주세요.'

그리고 계속 투자자를 분별하는 기도를 이어갔다. 그러던 중 국내 굴지의 사모펀드에서 연락이 왔다. 부끄럽게도 당시 내게는 사모펀드, 공모펀드, 벤처 캐피털 등과 같은 개념이 전혀 없었다. 이런 내게 하나님이 지혜를 주시고 조력자들을 붙여주셔서 성공적으로 투자받게 하셨다. 상상도 못 했던 대규모 투자를 받아 훌륭한 임원진을 영입해 회사를 운영할 수 있게 되었다.

단박에 우리 회사의 투자 소식은 세간의 화젯거리가 되었다. 언론은 "듣도 보도 못한 회사가 어떻게 저런 큰 투자를 받을 수 있냐"라며 들썩였다. 하지만 정작 나는 그리 대수롭지 않게 여겼다. 이 모든 게 내 유일한 인맥이며 '빽'(back)이신 주님이 좋은 임원진과 협력해서 회사를 잘 경영하라고 주신 선물이라고 믿었기 때문이다. 그분이 하신 일에 '왜?' '어떻게?'라는 질문은 성립되지 않았다.

사람들은 사업을 하려면 수많은 인맥과 탄탄한 자본이 뒷받침되어야 한다고 말한다. 하지만 지금껏 내 삶에서 그런 인간적인 도움(하나님이 사람을 통해 일하신 경우를 제외하고)이나 내 탁월한 능력 혹은 풍부한 자본으로 이룬 건 하나도 없다.

물론 회사가 성장하면서 인맥이 두터워지고 큰돈을 벌었지만, 그런 불확실하고 불안정한 것에 기대거나 거기서 안정감을 찾지 않았다. 오직 하나님께 확인을 받고 결정의 순간마다 그분의 뜻을 구했다.

구약 시대에 레위인의 분깃은 여호와 하나님뿐이었다. 그들은 눈에 보이는 토지나 가축을 소유하지 않았지만 하나님이 그들의 토지이며 재산이셨다. 레위인처럼 아무것도 소유하지 말라는 게 아니다. 우리의 땅, 인맥, 재산은 오직 하나님 한 분뿐이다. 그래서 그분을 소유한 우리는 '모든 걸 가진 자'다. 만물의 근원이신 하나님이 세상의 힘 있는 것들을 뛰어넘어 나를 인도하시기 때문이다.

이 시대
크리스천 경영인에게

창업 이래 정말 다사다난한 10년을 보냈다. 수십 년간 사업체를 경영한 이들에 비하면 짧은 연수지만, 이 과정을 거치면서 내가 깨달은 것을 이 시대 크리스천 경영인과 나누고 싶다.

맨 먼저 조심할 것은 '욕심'이다. 경영하다 보면 욕심 때문에 반드시 문제가 생긴다. 경영인이라면 내면의 욕심과의 싸움을 누구나 경험한다. 내 경우에는 그럴 때마다 하나님이 내 원함을 꺾으시고 그분의 방향으로 이끄셨다. 만일 하나님의 강한 손길을 느끼면서도 내 욕심을 꽉 움켜쥐고 놓지 않으면 온갖 고생을 다 하다가 손에 깊은 상처만 남은 채 비참한 최후를 맞곤 했다.

크리스천 경영인은 하나님이 말씀하시는 본질에 입각한 경영을 해야 한다. 요즘 젊은 창업자들이 회사 설립 비전을 상실한 채 기업가치만 높이려고 불필요한 투자를 받는 걸 종종 본다. 투자를 통해 대외적인 이미지 구축에 열을 올리지만 속은 텅 빈 채로 더 큰 투자를 받는 악순환을 반복한다. 이는 본질이 아닌 외형에 치우친 모습이다.

나 역시 외형을 갖추려고 노력했을 때 삶 전반이 무너졌다. 하나님과 관계는 물론이고, 회사 동료를 포함해 소중한 사람들에게 상처를 주었다. 하나님을 등진 채 그릇된 길로 가다 보니 완고하고 고집스러워졌다.

그러나 욕심을 내려놓고 본질로 돌이키자 하나님이 내가 원하던 외형도 완벽히 채워주심을 목도했다. 크리스천 경영인은 사업을 허락하신 하나님의 뜻에 늘 초점을 맞추며 그분이 행하실 선한 일을 신뢰해야 한다.

때로는 하나님의 뜻을 분별하지 못하고, 내 꿈과 목표를 향해 열정적으로 달려갈 때가 있다. 이를 무턱대고 나쁘다고 할 순 없다. 그러나 하나님이 그 꿈을 막으시고 방향을 트시면 잠잠히 순종해야 한다. 그분 발아래 무릎 꿇는 게 우리가 할 일이기 때문이다.

거듭 말하지만, 나는 스타강사가 되고 싶었다. 대형 인터넷 강의 사이트에서 수백 명의 학생에게 멋지게 강의하는 게 유일한 꿈이었다. 그것을 이루기 위해 수년간 쉬지 않고 달렸다. 하지만 하나님은 다른 방향으로 이끄셨고, 내가 욕심을 내려놓자 새 길을 열어주셨다. 더 크고 멋지고 영광스런 길로 말이다.

도중에 한눈을 팔면 어김없이 고난이 닥쳤다. 그러나 그 시간을 지나 다시 본질로 회귀하며 스스로 낮아지면 비로소 나를 높여주셨다. 또한 하나님과 사람과의 관계도 회복시키셨다.

많은 사람이 내 성공을 부러워하며 화려한 창업 스토리와 성공 신화를 기대한다. 그들에게 당부할 말이 있다. 꿈과 성공을 향해 목숨 걸고 달려가다가도 하나님이 멈추라고 하시면 즉시 멈춰서자. 그리고 그분의 뜻을 기대하며 다음 사인을 따라가자.

누구나 멋지고 화려해 보이고 싶어 한다. 그러나 내 수준의 '멋짐'보다 하나님이 예비하신 '영광의 면류관'이 훨씬 크고 아름답다. 그건 본질에 집중할 때 선물로 주어진다. 하나님께 쓰임 받는 크리스천에게만 주어지는 특권이기도 하다.

미친
믿음

내가 주릴 때에 너희가 먹을 것을 주었고

목마를 때에 마시게 하였고

나그네 되었을 때에 영접하였고 헐벗었을 때에 옷을 입혔고

병들었을 때에 돌보았고

옥에 갇혔을 때에 와서 보았느니라

이에 의인들이 대답하여 이르되

주여 우리가 어느 때에

주께서 주리신 것을 보고 음식을 대접하였으며

목마르신 것을 보고 마시게 하였나이까

어느 때에 나그네 되신 것을 보고 영접하였으며

헐벗으신 것을 보고 옷 입혔나이까

어느 때에 병드신 것이나

옥에 갇히신 것을 보고 가서 뵈었나이까 하리니

임금이 대답하여 이르시되

내가 진실로 너희에게 이르노니 너희가 여기

내 형제 중에 지극히 작은 자 하나에게 한 것이

곧 내게 한 것이니라 하시고

마 25:35-40

1. 작은 자를 향한 사랑: 아동 2천 명 결연

"지극히 작은 자에게 한 것이 곧 내게 한 것"이라고 말씀하신 예수님은 우리의 크고 작은 섬김을 다 보신다.

나는 어릴 적부터 선교사님을 물질과 기도로 후원하는 게 얼마나 귀한 일인지, 또 축복의 통로가 되는 게 얼마나 기쁜

일인지 부모님을 통해 보고 자랐다. 단순히 이웃을 돕는 수준이 아니라 하나님나라 확장에 기여하는 영광스러운 일임을 깨달았다. 그래서 평생 후원을 이어왔고, CEO가 돼서도 이 값진 일을 동료 선생님, 학생들과 함께하고 싶었다. 그들도 이 기쁨을 맛보았으면 했다. 그래서 방법을 궁리하던 중 머릿속에 '아동 결연'이라는 네 글자가 선명히 떠올랐다.

오늘날 많은 NGO 단체가 크리스천 정신으로 전 세계의 도움이 필요한 아이들을 결연하여 후원한다. 결연 아동들은 후원자의 도움으로 신체와 지성, 인성 그리고 신앙이 고루 성장한다. 섬김과 복음이 심긴 자리에 꿈과 희망이 자라난다. 많은 경우, 이 아이들은 받은 은혜를 흘려보내는 믿음의 청년으로 성장한다. 나는 한 사람의 전인적인 성장을 돕는 아동 결연이 넌크리스천도 거부감 없이 복음에 참여할 수 있는 좋은 방편이라고 생각했다.

그러나 섣불리 "함께 후원하자"라고 말하지 않았다. 대표인 내가 먼저 결연을 시작하면 선생님과 학생들도 서서히 관심을 갖고 자발적으로 후원하게 되리라 기대했다. 이 일을 두고 집중하여 기도하는 중에 좋은 아이디어가 떠올랐다.

'수강생이 10명씩 늘 때마다 1명의 아동을 결연하면 어떨까?'

수강생이 늘어나는 만큼 후원 아동도 늘려가며 마치 십일조처럼 하나님께 감사드리기 위함이었다. '이거다!' 하는 감동이 와서 2014년에 기아대책, 컴패션, 월드비전을 통해 본격적으로 시작했다.

당시 수강생이 약 3천 명이어서 300명과 결연하고, 그 후 1명씩 늘리다가 2015년에는 700명과 결연하기에 이르렀다. 놀라운 축복이었다.

하루는 교회 담임목사님이 내게 물었다.

"만일 수강생이 줄면 어떻게 할 건가?"

나는 별 고민 없이 대답했다.

"그러면 후원 아동을 줄여야지요. 하나님이 그걸 원하신다면 그렇게 이끄시겠지요. 저는 그저 하나님이 주신 감동을 따라 결연을 이어갈 겁니다."

그러자 목사님이 "자네 믿음이 나보다 낫네"라며 웃으셨다.

얼마 뒤 1천 명 가까이 후원하는 시점이 오자 동료 선생님과 학생들이 결연에 동참하기 시작했다. 내가 기대하던 일이 현실이 되는 걸 보자 가슴이 벅찼다. 사랑하는 동료, 아끼는 제자들과 섬김의 기쁨을 나눌 수 있어서 너무 감사했다. 그해 학생들이 졸업할 무렵, 내게 이런 편지를 건넸다.

"저도 선생님처럼 누군가를 도와주는 사람이 되고 싶었어요. 나눔을 실천할 기회를 주셔서 감사해요."

꾹꾹 눌러쓴 글씨에 학생의 마음이 고스란히 담겨있었다. 이 일을 하나님이 기뻐하신다는 확신이 들었다. 어느덧 수강생은 2만 명 가까이 늘었고, 우리는 아동 2천여 명을 결연했다. 사내에는 결연의 은혜를 서로 나누는 '결연 모임'이 만들어지기도 했다.

2. 나그네를 대접하라: 선교사 게스트하우스 건립

내가 오랫동안 꿈꿔온 숙원 사업이 하나 있었다. 선교사님 숙소를 마련하는 일이었다. 부모님은 선교사님들을 후원하며 그들이 한국에 오면 방을 내어드리고 극진히 대접했다. 그러면서 물질도, 복도, 재능도 모두 하나님이 주셨으니 하나님 나라를 위해 헌신하는 분들을 섬기는 게 우리의 마땅한 본분이라고 강조했다.

섬김의 삶을 살아온 부모님의 당부가 내 안에 깊이 새겨졌다. 나는 회사를 세우고 물질의 축복을 받을 때마다 큰 부담을 느꼈다. 더는 미룰 수 없어서 회사를 법인으로 전환한 첫해의 수익을 선교사 숙소 건축에 사용하기로 했다. 그런데 조금 마음에 걸리는 부분이 있었다.

'만약 회사 재정으로 건물을 지으면 내 소유나 다름이 없으니 하나님께 드린다고 할 수 없지 않을까?'

주님의 일을 할 때 조금이라도 마음에 걸리거나 떳떳하지 못한 요소가 있거나 내 의를 높이는 결과를 낳을 여지가 있으면 그 일은 안 하느니만 못함을 나는 알고 있었다. 주님이 내 불편한 마음을 통해 제동을 거시는 것 같았다.

나는 오랜 기도 후에 선교법인(정부 소속)을 새로 만들었다. 그리고 약 15억을 기부하여 숙소를 짓기로 했다. 선교사님들이 한국에 오면 주로 대중교통을 이용하기에 역세권을 중심으로 위치를 알아봤다. 수원역 바로 옆인 화서역 근처에 알맞은 땅을 발견했다. 10세대 정도가 묵을 수 있는 숙소를 설계했고, 인테리어는 내 집보다 더 신경 썼다.

선교사 게스트하우스가 오랜 마음의 짐이자 소망이었던 만큼 완공일만 기다리며 계속 기도했다. 당시 회사는 조금 어려운 상황이었지만 하나님나라의 일꾼들을 섬길 수 있어서 그저 감사했다.

'하나님, 제가 물질의 복을 더욱 풍성히 받아도, 세상에 이름을 알리고 사람들의 인정과 인기를 얻어도 다윗처럼 변함없이 주님을 사랑하게 해주세요. 모든 재물을 주님이 부어주셨음을 잊지 않게 해주세요. 선교사 숙소 건축이라는 영광스

러운 일을 맡겨주셔서 감사합니다!'

지금껏 수많은 선교사님이 이 게스트하우스에서 쉼과 회복을 얻어 갔다. 이곳이 주의 일꾼들의 보금자리 역할을 톡톡히 해내고 있음이 너무나 감사하다(회사 재정이 전혀 투입되지 않으며 오직 내 사비로만 운영되고 있다).

사람들은 후원이나 기부에 대해 이렇게 말한다.

"지금은 한창 모을 때니 최대한 벌고 나중에 여유가 되면 돕겠습니다."

"힘들어서 남을 도울 여유가 없어요. 나부터 살아야 남을 돕든지 하지요."

그러나 예수님은 과부의 두 렙돈을 기뻐하셨다. 그분은 물질의 양을 보시지 않는다. 두 렙돈은 세상에서는 보잘것없는 액수지만 과부에게는 전부였다. 그것을 기꺼이 내어드리는 마음, 하나님은 그 중심이 어디에 있는지 보신다.

너희를 위하여 보물을 땅에 쌓아두지 말라

거기는 좀과 동록이 해하며

도둑이 구멍을 뚫고 도둑질하느니라

오직 너희를 위하여 보물을 하늘에 쌓아두라

거기는 좀이나 동록이 해하지 못하며

도둑이 구멍을 뚫지도 못하고 도둑질도 못 하느니라

네 보물 있는 그곳에는 네 마음도 있느니라

마 6:19-21

주님께 물질을 드리는 건 내 마음을 드리는 것이다. 이는 내 모든 소유가 그분 것이며, 진실로 그분을 사랑한다는 고백이다. 그래서 드리는 물질의 크고 작음이 중요하지 않다. 단, 마음을 감찰하시는 하나님 앞에서 내게 부어주신 물질을 돌려드리고, 전심으로 감사와 찬양을 올려드려야 한다. 그것이 진정한 제사요 자녀의 본분이다.

그럼에도 우리가 선뜻 내어드리지 못하는 이유가 무얼까? 앞날을 염려하기 때문이다. 그러나 명심하자. 하나님은 절대 우리를 굶기지 않으신다. 우리를 고생시키려고 작정하신 것도 아니다. 물질을 통해 하나님께 마음을 드리는 훈련을 시키시는 것뿐이다. 그러므로 드릴 수 있는 범위 안에서 감동을 주시는 만큼 기쁘게 드려야 한다.

간혹 어떤 사람은 물질이 복의 근원이라며 축복받기 위해 물질을 흘려보내기도 한다. 이는 옛이야기 〈금도끼 은도끼〉에 나오는 욕심쟁이 나무꾼의 태도와 다를 바 없다. 그는 금도끼를 얻으려는 속셈으로 자신의 쇠도끼를 일부러 연못에 집어던지고 거짓말을 한다. 그러나 끝내 쇠도끼마저 잃는다. 원리는 맞지만 악한 마음의 동기 때문에 모든 걸 잃고 만다.

하나님께 물질을 드리는 올바른 자세는 다음과 같을 것이다.

"제가 하나님을 사랑하기에 흘려보냅니다. 복을 주시든 안 주시든 상관없습니다. 이미 받은 은혜가 차고 넘칩니다. 지금까지 저를 선하게 인도해주신 것만으로도 감사드립니다. 이 물질도 제 것이 아니기에 전혀 생색낼 게 없습니다. 보잘것없지만 제 마음을 받아주세요."

3. 복음을 심는 꿈의 학교: 드림스쿨 건립

수많은 아동과 결연하고 선교사 숙소를 지었지만 하나님은 내게 아직 할 일이 더 있다고 말씀하시는 것 같았다. 그러던 중 결연한 아이들이 어떻게 생활하며 배우는지, 후원하는 선교사님들이 어떤 사역을 하는지 직접 보고 싶은 마음이 들었다. 그동안 경영에 매진하느라 현장에 가볼 생각을 못 했는데 시간을 내어 돌아봐야겠다고 생각했다.

그래서 2018년 중순, 기아대책과 함께 첫 선교지인 캄보디아로 향했다. 대학생 때 예수전도단 훈련으로 다녀온 후 10여 년 만에 가는 선교지였다. 하나님이 어떤 새로운 길로 인도하실지 기대되었다.

오랫동안 사진으로만 보던 결연 아동들을 만나자 가슴이 뭉클했다. 아이들은 밝고 건강할 뿐 아니라 배움을 통해 꿈을 갖고 자라고 있었다. 그곳에서 아이들의 활동에 함께 참여하여 시간을 보내면서 아동 결연이 얼마나 중요하고 필요한 일인지 확신했다.

선교지를 방문하자 마치 대학 때 열정이 되살아나듯 영적인 회복과 영혼을 향한 사랑이 충만히 부어졌다. 그 후 나는 틈날 때마다 기아대책과 네팔, 베트남, 인도네시아, 미얀마 등 선교지를 순회했다. 모든 나라에서 하나님은 신실하게 일하고 계셨다. 그 놀라운 손길 하나하나를 현지에서 직접 보고 느낄 수 있었다.

베트남의 박닌과 타이응우옌 지역에 삼성전자가 세운 '삼성 희망학교'를 방문했을 때였다. 기아대책을 통해 결연한 아이들이 좋은 시설에서 양질의 교육을 받으며 무럭무럭 자라는 모습에 감동을 받았다. 하나님은 내 가슴에 뜨거운 불을 주셨다.

'와, 이런 학교가 정말 필요하겠다. 여기서 아이들에게 복음까지 심어줄 수 있다면 얼마나 좋을까?'

그때 기아대책 관계자가 내 생각을 읽기라도 한 듯 이런 학교를 하나 짓는 데 약 5억 원이 필요하다며 내게 제안했다.

"대표님, 그동안 늘 믿음으로 일을 먼저 벌이고 하나님께서 채워주시는 은혜를 경험했으니 이번엔 학교를 100개 정도 지어보는 게 어떻겠습니까?"

학교 100개면 500억인데, 당시 내 수중의 돈으로는 턱없이 부족했다. 하지만 나는 생각했다.

'그래, 내가 언제 재정이 갖춰진 후에 일을 벌였나. 감동을 주시면 일단 시작하고 보는 거지!'

그때 마음속에서 요한일서 말씀이 들려왔다.

그를 향하여 우리가 가진 바 담대함이 이것이니
그의 뜻대로 무엇을 구하면 들으심이라

요일 5:14

나는 곧장 간구 기도를 드렸다.

'하나님, 이런 학교를 전 세계에 세워서 다음세대에게 복음을 심고 싶습니다. 1년에 2개씩 지어 제가 죽을 때까지 100개를 세우고 싶습니다. 복음을 먹고 자란 아이들을 통해 그 땅이 복음화되고 믿지 않는 자가 아버지께 돌아오게 하소서. 하지만 주님, 제게 그럴 돈이 없습니다. 그래서 구합니다. 모든 재정을 허락해주시고 학교를 운영할 준비된 선교사님을 보내주세요. 만일 이것이 제 욕심이라면 막으시고, 하나님의 뜻이라면 신실하게 이끌어주세요!'

기도를 마치고 기아대책과 100개 학교 건립 협약을 맺었다. 그리고 하나님께 내 믿음을 보여드리기 위해 캄보디아에 첫 학교를 지을 5억 원을 기부했다. 정말 미친 믿음이었다. 나는 불안할 때면 생각을 멈추고 간절히 기도했다.

'주님, 매년 10억씩 드리겠습니다. 만일 멈추길 원하시면 재정이 바닥나게 하시고 주님의 뜻이라면 필요한 재정을 부어주세요.'

그런데 놀랍게도 정확히 1년 후에 회사가 큰 투자를 받게 되어 100개가 넘는 학교를 지을 돈이 넉넉히 채워졌다. 주님이 하셨다고 말할 수밖에 없는 일이었다.

하나님은 이스라엘 백성이 요단강을 건널 때 먼저 믿음을 보이라고 하셨다. 여호와의 궤를 멘 제사장들의 발바닥이 요단강을 밟았을 때, 거센 강물이 멈추고 급기야 끊어졌다. 그리고 믿음을 보인 이스라엘 백성들은 무사히 강을 건널 수 있었다.

온 땅의 주 여호와의 궤를 멘 제사장들의 발바닥이

요단 물을 밟고 멈추면

요단 물 곧 위에서부터 흘러내리던 물이 끊어지고

한 곳에 쌓여 서리라

수 3:13

이 성경의 원리는 내게도 늘 정확하게 적용되었다. '하나님, 보여주시면 하겠습니다'가 아니라 '한 치 앞도 보이지 않지만 믿음으로 나아갑니다. 역사해주세요'가 맞았다. 이것이 하나님이 원하시는 고백이며 일하시는 원리이기 때문이다.

오늘도 이 고백으로 보이지 않는 하나님을 믿음으로 바라보며 보이지 않는 그곳에 믿음의 한 발을 내딛는다. 설령 일이 막히고 틀어지더라도 상황을 뛰어넘어 역사하실 주님을 기대하면서 말이다.

계속되는
믿음의 모험

드디어 학교를 짓기 시작했다. 하나씩 세워지는 학교를 통해 아이들의 꿈이 자라나고 다음세대에 복음이 심기길 바라는 우리 모두의 꿈을 담아 '드림스쿨'이라 이름 지었다.

2019년 말, 캄보디아에서 첫 드림스쿨 준공식을 치렀다. 1호 학교가 완공될 날을 기대하며 곧장 가나에서 2호 드림스쿨 건축에 착수했다. 현재 카메룬과 파키스탄에 3,4호 드림스쿨을 건립 중이다. 이 꿈의 학교를 통해 한 영혼이라도 하나님께 돌아온다면 내 삶의 가장 기쁘고 값진 일이 될 것이다.

드림스쿨 1호 준공식을 치르기 직전에 〈2019 다니엘기도회〉의 연사로 설 기회가 주어졌다. 나는 삶의 간증과 더불어 드림스쿨의 기적을 나누었다. 그 후 많은 선교사님으로부터 본인의 선교지에 드림스쿨을 지어달라는 연락을 받았다. 다행히 어릴 때부터 선교사 후원에 동참한 덕에 신중하게 기도하며 분별할 수 있었다.

이 책이 출간되면 또다시 선교사 숙소 사용 여부와 드림스쿨 건립 및 후원 요청 문의가 늘어날 것이다. 그러나 감히 그들에게 확언할 수 있는 건, 하나님이 인도하시는 길이라면 나를 통해서가 아니어도 반드시 길이 열리고 선한 이끄심이 있다는 거다.

우리가 하나님께 꼭 붙어있는 한 하나님은 그분의 때에 그분의 방법으로 이끌어가신다.

드림스쿨은 끝이 아니라 시작이다. 나는 주님이 허락하신 물질과 재능, 시간을 하나님나라의 확장을 위해 어떻게 사용할지 고민하며 믿음의 도전을 이어갈 것이다. '드림스쿨 100개 건립'이라는 목표 자체가 아닌 주님의 일을 완수하는 도구로 유용하게 쓰임 받기를 기도한다.

하나님의 리더 훈련 일곱 단계

나를

사랑할 수 있겠니?

우연히 그동안 기부한 금액을 확인해볼 기회가 있었다. 약 100억 정도였다. 솔직히 이 정도인 줄은 몰랐다. 다시금 돈과 성공은 하나님의 주권에 달려있으며 그분의 마음에 합한 자로 사는 게 만복의 근원임을 깨달았다. 나는 그 자리에서 '내 안에 계신 주님이 가장 큰 축복'이라는 고백을 올려드렸다.

하나님은 우리에게 때마다 필요한 복을 내려주신다. 하지만 우리는 늘 부족하다고 불평하며 더 달라고 조른다.

'하나님, 제게 돈을 더 주세요. 더 큰 명예, 더 많은 능력,

더 뛰어난 재능을 부어주세요!'

내가 경험한 하나님은 능력이 부족해서 이런 것들을 못 주시는 분이 아니다. 넘치게 주고도 남으실 분이다. 그러나 우리는 받기 전에 먼저 하나님의 질문에 답해야 한다.

'그걸 받아도 여전히 나와 친밀할 수 있니? 돈이 많아지면 많은 걸 할 수 있을 텐데, 그래도 나를 의지할 거니? 네게 힘과 권력, 명예가 생겨도 지금처럼 나를 따를 거니?'

마치 연인이 "내가 당신의 마음을 받아주면 지금처럼 나를 사랑할 수 있나요?"라고 묻는 것처럼 하나님이 우리에게 물으실 때 할 말이 있어야 한다.

예수께서 이르시되 네가 온전하고자 할진대

가서 네 소유를 팔아 가난한 자들에게 주라

그리하면 하늘에서 보화가 네게 있으리라

그리고 와서 나를 따르라 하시니

그 청년이 재물이 많으므로 이 말씀을 듣고 근심하며 가니라

예수께서 제자들에게 이르시되

내가 진실로 너희에게 이르노니

부자는 천국에 들어가기가 어려우니라

다시 너희에게 말하노니

낙타가 바늘귀로 들어가는 것이

부자가 하나님의 나라에 들어가는 것보다 쉬우니라 하시니

마 19:21-24

예수님은 부자 청년에게 영생을 얻으려면 재산을 팔아서 가난한 사람에게 주라고 하신다. 그러나 스스로 무결점 인생이라고 자부하던 부자 청년은 갈등 끝에 예수님 곁을 떠나버리고 만다. 예수님은 그의 뒷모습을 바라보시며 제자들에게 거듭 강조하여 말씀하신다.

"부자가 천국에 가는 것보다 낙타가 바늘구멍에 들어가는 것이 더 쉽다."

이 대목은 재물이 많을수록 하나님께 순전한 마음을 드리기가 얼마나 어려운지 보여준다. 비단 재물뿐인가. 재능과 명예, 권력 등을 한번 손에 쥐면 도로 내어드리기란 매우 어렵다. 그래서 무언가를 구할 때마다 하나님은 꼭 내게 되물으신다.

'그것을 얻고도 변함없이 내게 나아올 수 있겠니?'

나도 경영자로서 하나님의 이런 마음을 비슷하게 느낄 때가 있다. 종종 직원들이 내게 말한다.

"진급을 시켜주시면 더 잘할 자신 있습니다."

"급여를 올려주시면 더 열심히 하겠습니다."

"요직에 맡겨주시면 최선을 다하겠습니다."

그러나 이런 요구를 들어주면 얼마 못 가서 그들의 마음이 식어버리는 걸 본다. 초반에는 최선을 다하다가도 점차 감사가 사라지고 일이 힘들다며 불평불만을 말하기 일쑤다. 이것이 인간의 한계이자 현실이다. 물론 오랫동안 초심을 잃지 않는 직원들도 있다. 그들은 더 많은 권한과 혜택을 받게 된다.

주님도 마찬가지이실 것 같다. 자녀에게 그가 구하는 대로 더 많은 명예와 물질, 재능과 시간을 주었음에도 감사와 감격이 금세 사라지고 불평만 늘어놓다가 집을 나가버린다면 주님의 마음이 어떠실까? 자녀가 달라고 조르는 걸 주면 자녀와 관계가 소원해질 게 뻔한데 선뜻 그것을 주는 부모가 있을까?

삶의 어려운 순간마다 하나님께 기도하면 그분의 대답은 늘 내 예상을 빗나갔다.

'하나님, 저 좀 도와주세요.'

'네가 나를 사랑하느냐?'

'왜 그런 질문을 하십니까? 도와달라니까요!'

'네 문제가 해결돼도 나를 변치 않고 사랑할 수 있겠느냐?'

나는 선뜻 그러겠다고 말하지 못했다. 내가 원하는 건 당장의 문제 해결이지 그분과의 더 친밀한 관계가 아니었기 때문이다. 모든 걸 주실 수 있는 그분은 '네가 나를 사랑하느냐? 이 모든 걸 허락해도 여전히 날 사랑하겠느냐?' 물으시며 우리의 진심 어린 대답을 기다리신다.

하나님의 관심은 온통 그분과 나의 관계, 끊어져서는 안 될 사랑의 관계에만 있다. 나는 이제야 아버지 하나님의 마음을 조금이나마 깨닫고 고백한다.

'네, 아버지. 제가 주님을 사랑합니다. 부요할 때나 궁핍할 때나 변함없이 사랑합니다. 설령 제 기도에 응답하지 않으셔도 당신을 사랑하겠습니다. 제 뜻대로 되지 않는 게 더 큰 복임을 신뢰합니다!'

오늘도 하나님은 잠잠히 물으신다.

'네가 여전히 나를 사랑하느냐?'

중심을
지킬 수 있겠니?

회사가 커지면서 지킬 것도 많아졌다. 그러자 주위에 호시탐탐 이익을 챙기려는 사람들이 모여들었고, 나는 순진하게 마음을 내주었다가 상처를 많이 입었다. 그러다 보니 어느 순간 내 안에 방어기제가 생겨 문제가 발생하면 이리저리 도움을 구하고 수습하느라 정신이 없었다.

하나님께 맡기면 될 것을, 불안과 염려에 휩싸여 더 효과적이고 즉각적'일 것 같은' 방법을 찾아 헤맸다. 잃을 게 두려워 천국 가는 길마저 잃어버린 모습으로 말이다.

광야에서 이스라엘 백성의 삶은 단순했다. 잃을 게 없었기 때문이다. 그러나 훗날 잃을 게 많아지자 태도가 바뀌었다. 솔로몬도 심령이 가난할 때는 지혜만을 구했지만 가진 게 많아지자 하나님이 금하시는 이방 나라와 교역의 문을 활짝 열었다. 손에 쥔 게 많아지자 잃을까 봐 전전긍긍하는 내 모습이 이와 같았다.

하나님은 이스라엘 백성을 출애굽과 동시에 광야로 인도하셨다. 젖과 꿀이 흐르는 가나안 땅에 곧장 보내셔서 편히 살게 하실 수도 있었지만, 그전에 그들의 중심이 하나님께 온전히 향하도록 광야의 시간을 허락하셨다. 하나님의 본심을 알지 못했던 이스라엘 백성들은 홍해의 기적을 경험하고, 날마다 만나와 메추라기를 공급받으면서도 번번이 하나님을 부인하며 툭하면 우상숭배를 일삼았다.

하나님이 이스라엘 백성에게 기대하신 광야 속 기다림의

모습은 아니었을 것이다. 하지만 그분은 백성들이 제 잘못을 깨닫고 회개하기를 오래 참고 또 참으셨다.

누구나 아는 이 이야기가 새롭게 보였다. 어릴 때는 이스라엘 백성의 입장에서만 본문을 읽었는데, 어른이 되고 사업가가 되니 하나님의 마음을 더욱 묵상하게 되었다. 내가 소위 사회적인 성공을 이루자 자기 이익을 위해 접근했다가 등 돌리는 이들이 많아지면서, 이스라엘 백성의 거듭된 배반을 인내하시는 하나님의 사랑이 얼마나 위대한지 헤아려졌다.

성경을 통틀어 보면, 하나님은 인간의 죄악에 진노도 하시지만 주로 오래 참고 기다리셨다. 그러면 인간은 자기 죄를 깨닫고 돌아오거나 영영 돌이키지 못하고 사망에 이르렀다. 그런 인간의 변덕과 이기심 때문에 나 역시 상처를 많이 받았다. 돈으로 사람의 마음을 사고 싶을 때도 많았다. 그러나 주님은 말씀하셨다.

'내가 네게 한 것처럼 오래 참고 기다려라.'

어느 잡지에서 본 글이 생각난다.

"모든 부자가 처음에는 돈을 원한다. 돈을 가지면 사고 싶은 것을 마음껏 사고 누린다. 하지만 마지막에는 사람을 원한다. 나를 끝까지 믿어주는 한 사람이 없어서다."

온 우주에 하나님보다 부자는 없다. 그분은 세상을 소유하셨고, 그분께 부족함이란 없다. 다만 그분이 그토록 원하시는 한 가지가 바로 우리의 마음 곧 중심이다. 인간의 중심이 어디를 향하는지가 그분께 가장 중요하다.

솔로몬에게도 이방 나라와의 교역 자체를 문제 삼으신 게 아니었다. 그의 중심이 하나님께 온전히 향하지 않고 두 마음으로 나뉘었기에 마음 아파하셨다.

경영을 할 때도 여러 인맥과 네트워크를 활용하는 것 자체는 문제가 아니다. 단, 경영의 주도권을 하나님께 내어드리고 있는지 아니면 내 힘과 사람의 도움을 의지하고 있는지가 분별의 기준이 된다. 하나님은 그 중심을 보시기 때문이다.

경영자로서 다른 사람의 마음이 내 마음처럼 움직이지 않거나 믿었던 사람에게 배신당할 때 속이 많이 상했다. 그러나 나를 오래 참고 기다려주신 주님을 생각하면 나도 그 영혼을 긍휼히 여기고 기다리는 수밖에 없음을 절감한다.

그러면서 내 중심은 사람이 아닌 주님께 향해 있는지 돌아본다. 진정 내 마음이 어디 있는지 살핀다. 야곱은 엄청난 양떼와 소 떼, 몸종들을 거느리고 살았다. 하나님이 막대한 부를 그에게 허락하신 이유는, 그 모든 걸 누리면서도 하나님을 향한 야곱의 중심이 흔들리지 않았기 때문일 것이다.

내 청지기로
기쁘게 살 수 있겠니?

평소 십일조를 성실하게 하고 남도 많이 돕던 돈 많은 지인에게서 언제부터인지 그런 모습이 보이지 않았다. 이유를 물으니 그가 슬픈 표정으로 말했다.

"최근에 어려운 일을 당했습니다. 물론 제 실수였지요. 그런데 사람들은 그 한 번의 실수로 저를 물어뜯더군요. 그동안 열심히 돕고 나눴던 모든 게 한순간에 사라지는 것 같았어요. 이럴 거면 굳이 애써 남을 도울 필요가 있을까 싶더라고요."

그의 심정이 충분히 이해됐다. 왜 상처받았는지 공감도 됐다. 하지만 하나님은 그에게 이렇게 말씀하실 것이다.

'그럼에도 선을 행하라. 네게 그 부를 누가 주었느냐?'

이 질문에 욥은 이렇게 답했다.

"주신 이도 여호와시요 거두신 이도 여호와시오니 여호와의 이름이 찬송을 받으실지니이다!"

욥의 고백처럼 우리는 그저 맡은 자로서 오직 여호와의 이름이 찬송 받으시도록 흘려보내는 임무를 완수하면 된다. 내 것도 아닌데 내 마음이 상했다고 주신 이가 흘려보내시는 걸 막아서는 안 된다. 그건 월권(越權)이다.

이런 예화가 있다. 한 건물주가 관리인에게 세입자의 형편을 잘 봐주라고 지시했다. 관리인은 건물주의 지시에 따라 세입자의 인테리어도 바꿔주고 청소도 해주고 필요한 시설도 구비해주었다. 그런데 세입자는 고마워하기는커녕 맘에 안 든다고 불평만 늘어놓았다. 관리인은 세입자가 호의를 권리로 착각하고 큰소리치자 몹시 화가 났다.

그러나 여기서 중요한 사실은 사용된 모든 비용이 관리인이 아닌 주인의 돈이라는 거다. 자기 마음이 상했다고 주인이 세입자에게 베푸는 호의를 막을 권한이 그에게는 없다.

주님은 건물주이시고, 우리는 관리인이다. 우리는 건물주가 대신 관리하라고 맡기신 걸 분부대로 관리할 뿐, 무슨 일이 있어도 건물주 행세를 하면 안 된다.

하나님께서 내게 돈과 재능을 맡겨주셨다. 그것을 어떻게 사용할지는 그분이 결정하신다. 나는 대리 집행자로서 그분의 뜻대로 사용하고 흘려보내면 된다. 상대가 감사하지 않는다고 그만두는 건 올바른 태도가 아닐 것이다.

그 지인을 통해 하나님은 청지기의 본분을 알려주셨다. 그리고 내게 물으셨다.

'네 마음이 조금 상해도 맡은 자의 역할을 기쁘게 감당해 주겠니?'

그분의 부드러운 요청에 나는 작아지고 말았다. 누군가 에게 선을 행하고 물질을 공급했을 때, 그가 감사하지 않으 면 솔직히 더는 돕고 싶지 않았다. 하지만 내 공급원이신 주 님이 속상하실 일이지 내가 서운할 게 아님을 깨달았다.

지금도 여전히 내 감정에 속아서 맡은 자의 본분을 망각할 때가 많지만 주님이 믿고 맡기실 수 있는 충직한 청지기로서 막힘 없는 은혜의 통로가 되어드리고 싶은 소원이 있다.

그래도
감사할 수 있겠니?

회사가 어려웠던 시절, 분원의 한 선생님을 원장으로 세웠다. 그는 초반에는 기뻐하며 어깨에 힘을 잔뜩 주고 다녔지만 직 급이 올라가며 할 일이 많아지자 '차라리 선생님이었을 때가 편했다'라며 불평을 쏟아냈다. 그러면서 원장으로서 누리게 된 것들은 당연하게 여겼다. 그래서 하는 수 없이 직급을 다 시 내리자 그는 끝내 사직서를 냈다.

온 이스라엘 자손이 모세와 아론을 원망하였다.
…차라리 우리가 이집트 땅에서 죽었더라면
더 좋았을 것이다.
아니면 차라리 우리가 이 광야에서라도 죽었더라면
더 좋았을 것이다.
…차라리 이집트로 돌아가는 것이 좋겠다!

민 14:2,3 새번역

언젠가부터 이스라엘 백성의 이 불평이 틈만 나면 내 입에서 흘러나왔다.

'하나님, 왜 저를 이 자리에 앉히셨나요? 저는 스타강사가 되어 많은 학생을 가르치고 싶었는데, 왜 경영자로 세우셔서 많은 사람에게 상처 주고 또 상처받게 하십니까? 이럴 거면 차라리 유학을 가게 놔두셨어야죠!'

회사를 박차고 나간 그 직원의 모습과 내가 겹쳐 보였다. 그를 비난할 때가 아니었다. 그는 사람에게 불평했지만 나는 하나님을 원망하고 있었다. 그때 하나님께서 말씀하셨다.

'네가 지금 누리는 건 다 무엇이냐? 내가 네게 허락한 건 전혀 감사하지 않고 불평만 늘어놓는구나.'

마음이 털썩 내려앉았다. 삶의 정상, 남들이 부러워할 만

한 위치에 올랐는데 감사보다 불평과 원망이 쏟아지는 건 왜 일까? '감사'에 대한 설교를 주일학교 때부터 30년 넘게 들었는데 내 안에는 감사가 없었다.

조금만 생각해봐도 하나님으로 인해 보호받고 누려온 게 넘쳐났다. 그분이 허락하신 건강한 몸, 화목한 가정, 사랑하는 아내와 자녀, 대표의 자리, 부와 명예 등 셀 수 없는 감사의 제목이 내 삶을 가득 채우고 있었다.

설사 이 모든 게 하루아침에 사라진다 해도 가망 없는 나를 구원해주신 하나님 아버지의 변함없는 사랑이 가장 큰 감사의 제목이었다.

나는 감사를 잃는 게 얼마나 위험한지 깨닫고서 매 순간 감사거리를 찾아 고백하기로 했다. 불평불만, 짜증과 분노, 우울이 올라오기 전에 내 마음을 감사로 먼저 채우기로 결심했다. 그러자 벅찬 감동이 차올랐다.

그래서 이 마음을 동료 선생님들과 나누고, 함께 하루 3개씩 감사거리를 나누자고 했다. 놀랍게도 이 '감사 챌린지'에 참여한 사람들의 일상에 소소한 행복이 가득 채워졌다.

하나님께서 "범사에 감사하라"라고 명령하신 진짜 이유는 우리에게 감사를 받으시려는 것보다 우리가 감사함으로 진정한 행복을 누리길 바라시기 때문이다. 범사에 감사하는 건

지키기 부담스러운 명령이 아니라 자녀가 감사의 유익을 맛보길 바라는 아버지의 마음이다.

이 책을 쓰는 지금, 코로나 팬데믹(pandemic)으로 전 세계 사람들이 마스크를 쓰고 다닌다. 마스크 없이는 대중교통, 식당, 카페 등을 이용하는 건 물론 길거리를 활보하는 것조차 금지되었다. 심지어 마스크를 안 썼다고 얻어맞는 사건 사고도 종종 벌어진다. 시민들은 정부의 거리두기 지침을 따르면서도 불평불만을 쏟아내고 '코로나 블루'를 호소하고 있다.

얼마 전만 해도 이런 광경은 상상도 못 했다. 누구도 마스크 없는 일상을 감사하지 않았고, 교회에서 함께 모여 드리는 예배를 당연시했다. 우리는 많은 것을 누리지만 그것이 당연할 때는 감사하지 않고 살다가 빼앗기고 나서야 그 귀중함을 깨닫는다. 지금은 하루빨리 마스크를 벗고 자유롭게 대화하며 우리가 '평범'하다고 여겼던 '소중한' 일상을 되찾는 게 모두의 간절한 바람이다.

2020년에는 코로나 사태뿐만 아니라 세계 전역에 기후재난도 일어났다. 국가마다 기후변화 대책 수립이 시급한 상황이다. 최악의 경우에 이미 빠르게 진행되고 있는 대기오염으로 산소통을 메고 다녀야 하는 미래가 펼쳐질지도 모른다. 이렇게 생각하면 비록 마스크가 답답할지라도 맑은 공기를 편히 들이쉴 수 있는 것만으로도 감사하다.

하나님께서 지으신 모든 것이 선하매
감사함으로 받으면 버릴 것이 없나니

딤전 4:4

오늘 하루 내게 주어진 일분일초를 감사로 채우자. 끊임없이 끼어드는 부정적인 상황과 감정도 일단 감사로 받기로 결단하자. 그러면 어떤 환경에서도 흔들리지 않는 참 평안을 맛볼 수 있으리라.

늘
순종할 수 있겠니?

권오현(삼성전자 전 회장)의 《초격차》에서 공감되는 이야기를 읽었다. 그가 삼성 반도체의 시스템 LSI사업부에서 일하던 때였다. 그때는 지금처럼 시스템 반도체 산업이 활성화되지 않아서 부서의 실적이 지지부진했다고 한다.

어느 날 후배가 그를 제치고 승진하여 그의 상사로 임명을 받게 된다. 그는 자존심이 무척 상했다. 이런 인사 발령은 자신을 내보내려는 회사의 의도라고 받아들이고 급기야 회사를 그만둘 결심을 했다. 그런데 한 부하 직원이 그에게 말했다.

"그런 일이 닥치더라도 개인이 아니라 회사를 위해서 함께 일하자고 그렇게 말씀하시더니, 정작 본인에게 그런 일이 닥치니까 그만두시겠다는 겁니까? 그럼 다른 사람들과 다른 게 뭡니까?"(권오현,《초격차》315,316쪽)

평소 그는 직원들에게 회사는 혼자서 일하는 곳이 아니며 개인은 회사에 속해있기에 조직의 결정이 개인 의사와 다르더라도 따라야 한다고 말하곤 했다.

그는 부하의 직언에 정신을 차리고 그 후 무려 8년이나 후배 상사 밑에서 묵묵히 실력을 키웠다. 긴 인고의 시간 동안 상당한 심리적 압박을 견디며 오직 사업 성과에만 집중한 끝에 그는 삼성전자의 미래를 이끌어갈 리더로 우뚝 섰다. 분명 녹록지 않은 시간이었지만 성장의 기회였다고 그는 회고했다.

하나님은 때로 더 큰 축복을 주시기 위해 고난의 시간을 허락하신다. 요셉이 별의별 사건 사고에 휘말리며 '총리 수업'을 받았듯이 하나님은 내게도 '경영자 훈련'을 시키셨다. 내게 딱 맞는 방법으로 말이다.

　나는 책을 즐겨 읽는 편이 아니다. 20세까지 읽은 책이 10권도 채 되지 않는다. 이런 나를 잘 아시는 주님은 책이 아니라 실전으로 경영을 가르치셨다. 내가 직접 회사를 이끌면서 맞닥뜨리는 여러 문제를 통해 그때그때 지혜와 가르침을 주시고 그분께 순종하는 법을 알려주셨다. 그래서 나는 문제가 발생하면 자연스럽게 이것부터 생각한다.
　'하나님이 이 일을 통해 무엇을 말씀하시는 걸까?'
　다양한 직원들을 겪으며 마음이 무너질 때도 속으로 되뇌었다.
　'하나님 말씀에 즉각 순종하자. 내가 원치 않는 길이어도 기쁘게 나아가자. 나를 어느 자리에 두시든 감사하자. 이스라엘 백성처럼 배은망덕하지 말자. 즉시로 온전히 순종할 때 하나님은 내가 생각하지 못한 길로 인도하실 거야!'
　한때 직원들에게 화가 나서 견디기 힘든 순간이 있었다.
　'그동안 내가 얼마나 잘해줬는데 어떻게 이럴 수 있지?'
　기도로 분을 쏟아내면 하나님은 같은 말씀만 하셨다.

'네가 낮아져라. 직원들에게 고맙다고 표현해라.'

그때는 정말 이해되지 않았다. 싫은 마음이 목구멍까지 차올랐지만 내 의지를 꺾고 낮은 자세로 그들에게 다가갔다. 그런 내 마음을 알아주는 직원도 있었지만 당연하게 받아들이는 이들을 보면 또 속이 끓었다.

임원진은 내게 강경한 태도를 취하라고 조언했다. 대표가 굽히고 들어가니 직원들이 우습게 생각한다고 했다. 그 말을 듣자 그동안 내 안에 눌러둔 힘듦과 서운함이 한꺼번에 밀려왔다. 낮아지라는 하나님의 음성보다 임원진의 말이 더 달콤하게 들렸다.

'그래, 임원들이 저렇게 말할 정도면 그게 맞는 거야.'

그날부터 나는 태도를 180도 바꿨다. 수년간 직원들에게 "열심히 해줘서 고맙다. 함께 일할 수 있어서 행복하다"라고 말했는데 권위적으로 지시하고 지적하기 시작했다. 그런 내 모습에 직원들은 당황했다. 하지만 나는 아랑곳하지 않고 그들이 불편한 표정을 지을수록 더 언성을 높였다.

회사를 허락하신 주님의 뜻과 '그럼에도' 낮아질 때 승리하는 주님의 방식을 완전히 잊고, 내 성미와 기질대로 행동했다. 그러자 매일 한두 명이 찾아와 사직서를 내밀었다. 나는 그마저도 대수롭지 않게 여기고 계속 내 뜻대로 강행했다.

'이건 거쳐야 할 과정이야. 점점 기강이 잡히고 효과가 나타나겠지.'

나는 이스라엘 백성의 어리석음을 답습하고 있었다. 홍해를 건넌 이스라엘 백성은 광야 생활을 할 때, 애굽에서 그들을 해방시키신 주님을 잊고 자기 입맛에 맞는 우상을 섬기려 했다. 하나님의 약속을 잊은 그들이나 기업을 세우신 하나님의 뜻을 저버린 나나 똑같았다.

나는 수년간 완악하고 불순종한 태도를 이어갔고, 상황은 점점 안 좋아졌다. 보다 못한 임원진이 어렵게 말을 꺼냈다.

"대표님, 계속 독선적인 태도를 보이시면 직원들이 숨 막혀 합니다. 팀장이나 본부장은 엄해도 대표님은 직원들을 사랑으로 감싸주셔야 합니다."

'언제는 강경하게 하라더니, 이제는 사랑으로 감싸라고 하네.'

하나님의 경고는 듣지 않던 내가 임원진의 말에는 귀가 번쩍 뜨였다. 그제야 얼마나 잘못 가고 있었는지가 보였다. 겉으로는 회사의 권위와 질서를 세우기 위함이라고 큰소리쳤지만 실상 내 자존심을 지키기 위한 공허한 몸부림에 지나지 않았음을 깨달았다.

사람을 두려워하면 올무에 걸리게 되거니와

여호와를 의지하는 자는 안전하리라

잠 29:25

사람이 아닌 주님께 시선을 두는 자는 겸손하고 온유하다. 반면 사울 왕처럼 사람을 두려워하고 사람의 시선에 연연하면 반드시 올무에 걸리며 그 끝은 패망이라고 성경은 말씀한다.

나는 주님이 말씀하신 '낮아짐의 경영'으로 돌아가야 했다. 사람의 마음을 사기 위해서가 아니라 주님의 마음에 합한 자가 되기 위해서.

예전처럼 직원들에게 마음을 전하기 시작했다. 사랑 없이 권면하지 않았고 권위를 내세우지도 않았다. 꼭 필요한 조언이라도 받아들일 수 있는 사람에게만 지혜롭게 전하려고 애썼다. 낮아짐의 경영을 실천하는 동안 수강생은 폭발적으로 늘었고, 직원들과의 관계도 점점 회복되어 어느 때보다 원만했다. 순종의 유익은 실로 놀라웠다.

우리가 순종하지 못하는 이유는 뭘까? 하나님의 생각과 내 생각의 간극 때문이다. '내 생각'이란 대체로 스스로 옳다고 여기거나 손해 보지 않는 쪽으로 향한다. 사람은 누구나 상처받기 싫어하고 자신이 돋보이길 원한다. 그러나 하나님께 이런 건 중요치 않다. 그분은 우리가 상처받을 각오로 낮아질 때 더 높이신다.

순종은 평생의 숙제다. 그 일이 때로 자존심이 상하고 초라해 보이고 힘겨울 수 있다. 더욱이 즉각, 온전히 순종하기란 정말 어렵다. 그러나 순종이 생명의 길이기에 내 의지를 내려놓고 그분의 뜻을 따르려 한다. 더디더라도 순종의 연습을 쉬지 않을 때 우리 삶을 향한 주님의 인도하심을 경험할 것이다.

담대히
맞설 수 있겠니?

나는 어릴 적 주일에 교회에서 돌아오면 어머니에게 그날 들은 설교를 다시 들려주며 은혜를 나누곤 했다(어머니는 내가 훌륭한 목사가 될 줄 알았다고 한다). 아직도 기억에 남는 설교가 다니엘과 다윗, 기드온의 이야기다. 세상에 담대히 맞서 끝까지 믿음을 지킨 세 인물의 이야기를 처음 들었을 때의 그

감동과 흥분이 지금도 가슴에 남아있다.

이들은 모두 담대했다. 다니엘은 우상 신에게 절할 바엔 죽겠다는 각오로 사자 굴에 들어갔고, 하나님과 함께면 두려울 게 없었던 다윗은 물맷돌 하나 들고 거대한 골리앗 앞에 섰다. 기드온은 고작 300명의 군사를 이끌고 바닷가 모래알같이 깔린 미디안 적진으로 나아갔다. 하나같이 말이 될까 싶은 이야기인데 위기일발의 순간마다 하나님은 더 놀랍게 역사하셨다.

'담대함 3인방'의 영웅담은 성경에만 국한된 이야기가 아니다. 오늘날 주님만 의지하며 담대히 걸어가는 사람에게도 이런 역사가 일어난다.

어린 시절, 나는 주변 어른들을 보며 생각했다.

'왜 어른들은 하나님을 믿는다면서 다니엘, 다윗, 기드온처럼 담대하지 못할까?'

그런데 막상 내가 어른이 되어보니 의문이 풀렸다. 그들이 곧 죽어도 지키려는 게 체면과 이익이었다. 이 두 가지 때문에 말씀과 세상 사이에서 갈팡질팡하는 거였다. 나 역시 사회적으로 입지를 굳혀갈수록 말씀대로 살기 버거울 때가 많았다.

수강생이 4천 명 가까이 되었을 때, 나는 스스로에게 물었다.

'과연 하나님을 기쁘시게 하는 경영을 해왔는가?'

동시에 꼬리를 물고 파고드는 불편한 질문이 있었다.

'그동안 학생들에게 하나님을 얼마나 전했는가?'

더 정확히는 왜 전도를 하지 않았는지 생각해보았다. 이유는 간단했다. 학생들이 싫어할까 봐, 수강생이 줄어들까 봐, 직원들의 반대를 살까 봐…. 물론 더 많은 핑계를 댈 수도 있다.

'기독교에 대한 이미지가 너무 안 좋으니 직접 전도하는 건 역효과가 날 거야. 삶으로 보여줘야지.'

'일은 일이고, 종교는 종교지.'

'요즘 학원에서 전도했다가는 문제가 생기지.'

이런저런 핑계와 자기 합리화로 복음 전파의 감동을 외면할 때마다 주님이 몹시 서운하셨을 것이다. 어느새 나는 어릴 적 이해되지 않던 그 어른들처럼 살고 있었다. 오직 믿음으로 세상 풍조를 담대히 거슬렀던 성경 인물들과는 정반대의 삶이었다. 이런 생각이 들자 더는 물러설 곳이 없었다.

'그래, 제자들에게 예수님을 전하자.'

교회를 봐도 청소년의 비율이 현저히 줄고 있었다. 학교에서 자신이 크리스천임을 떳떳이 밝히는 학생이 한 학급에 한두 명 정도라고 하니, 기독교의 입지가 얼마나 좁아졌는지 가늠할 수 있었다. 우리 수강생들도 넌크리스천이 대부분이었지만 나는 용기 내어 복음을 전하기로 했다.

'어떻게 하면 아이들 눈높이에 맞게 거부감 없이 복음을 전할까?'

전도 방법을 고민하다가 연예인들이나 하는 팬 미팅이 떠올랐다. 아이들은 1년 내내 영상 강의를 시청하기에 나를 직접 만날 기회가 없었다. 그래서 아이들이 나를 실제로 보고 싶어 할 거라는 전제하에 '존쌤 팬 미팅'을 기획했다.

수능을 마친 고3 수강생들을 초대해서 격려하며 전도할 계획이었다. 정확히는 팬 미팅을 빙자한 '전도 잔치'였다. 주변에서 "연예인도 아니면서 무슨 팬 미팅이냐" 하는 비난도 있었지만 진짜 목적은 전도였기에 강행했다.

당시 섬기던 수원성교회의 안광수 목사님이 허락해주셔서 본당에서 열 수 있었다. 팬 미팅 당일, 무려 600명이 넘는 아이들이 왔다. 무대 뒤 커튼 사이로 좌석을 가득 메운 아이들을 보면서 100-200명만 와도 감지덕지라고 여겼던 내 믿음 없음을 회개했다. 주님이 보내신 한 영혼 한 영혼이 너무나 귀하고 소중하게 보였다.

본격적인 행사가 시작되자 나는 아이들의 관심을 끌 만한 이야기로 시작했다. 대학 생활 잘하는 법, 세상에서 성공하는 법 등 그들이 궁금해할 이야기를 골라 들려주었다. 그리고 팬 미팅이 한창 무르익자 아이들에게 진짜 하고 싶은 이야기를 전했다.

"선생님이 너희에게 할 말이 있어. 수능을 준비하면서 느꼈겠지만 아무리 최선을 다해도 우리의 힘과 노력만으로는 안 되는 일들이 분명히 있단다. 앞으로 인생을 살면서 무언가를 위해 애쓰고 노력해도 삶이 원하는 대로 흘러가지 않는 일이 많을 거야. 선생님도 마찬가지였어.

그래서 너희에게 꼭 부탁하고 싶은 게 있어. 삶이 지치고 고단할 때, 변함없이 너희를 사랑하시는 한 분을 의지하길 바라. 그분은 바로 예수님이야. 예수님은 너희를 있는 모습 그대로 사랑하셔. 너희가 실패하고 넘어져도, 세상적인 성공이나 부를 얻지 못해도 끝까지 너희를 지키시고 사랑하시지.

주위를 둘러보면 곳곳에 빨간 십자가가 보일 거야. 그중 어디든 들어가서 예수님을 만나렴. 너희가 그분을 만나고자 하면 그분은 반드시 찾아오셔서 뜨겁게 만나주실 거야.

세상은 기독교를 욕하지만 그건 예수님의 잘못이 아니라 그분을 믿는 사람들이 잘못해서야. 너희가 그분을 인생의 동반자로 모시기만 하면 분명 큰 힘이 되어주실 거야. 이게 선생님이 너희에게 주고 싶은 마지막 선물이란다."

내 말을 듣고 몇몇 아이들이 훌쩍이는 게 보였다. 나는 마지막으로 아이들을 위해 기도해주며 앞날을 축복했다. 잊지 못할 전도 잔치를 마치고 학생들로부터 많은 편지를 받았다.

"선생님 말씀을 듣고 유치부 때 이후로 처음 교회에 갔어요. 선생님으로부터 하나님 얘기를 들으니까 신기하고 감사했어요."

"엄마만 교회에 다니는데 저도 이번 주에 따라가 보려고요."

"선생님 말씀을 듣고 기독교에 대한 이미지가 달라졌어요. 제가 많이 오해했던 것 같아요."

나중에 알아보니 그날 모인 학생 중 크리스천은 5퍼센트도 되지 않았다고 한다. 믿지 않는 수백 명을 앉혀놓고 예수님을 전한 거였다.

우리는 예수님을 전하는 순간마다 주저한다. 인간적인 이유와 핑계로 주님을 신뢰하지 못할 때가 많다. 그러나 주님은 제2의 다니엘, 다윗, 기드온을 기다리신다. 상황과 환경에 압도되어 지레 겁먹지 않고, 무모해 보일지라도 그분을 의지하는 담대함으로 진리를 수호하는 한 사람을 애타게 찾으신다.

어릴 적 믿음의 용사들의 이야기가 그토록 내 마음 깊이 새겨진 건 꼭 그렇게 살아달라는 주님의 메시지였는지도 모른다. 말씀대로 살지 않는 어른들이 의아했던 것도, 어른이 된 후 말씀과 현실 사이에서 씨름하게 하시는 것도 나를 담대한 용사로 키우시는 그분의 단련 과정이다.

세상은 힘과 실력을 갖추라고 부추긴다. 그러나 나는 주님의 권능을 힘입어 물맷돌 하나 들고 담대히 적진으로 나아가는 한 사람이 되고 싶다.

여전히
내려놓을 수 있겠니?

남몰래 품은 욕심이나 스스로 완벽하게 세운 계획, 평생에 걸쳐 쌓은 명예나 위신 등을 하나님 앞에 내려놓기란 정말 어렵다. 내려놓았을 때 일어날 온갖 부정적인 상황을 그려보면 눈앞이 아찔해진다. 그래서 내려놓지 못하는 이유를 들며 오히려 주님을 설득하려 하기도 한다.

내 이야기이자 우리 모두의 이야기일 것이다. 이처럼 누구에게나 쉽지 않은 '내려놓음'을 주님은 내 삶의 여러 순간을 통해 훈련하셨다.

한번은 강의를 너무 열정적으로 한 나머지 성대에 문제가 생겨 대학 병원에 입원했다. 의사가 가벼운 어조로 편도 수술을 권해서 나도 편안한 마음으로 수술대에 올랐다. 그러나 수술 후 2주 동안 한마디도 하지 못했고, 통증이 밤새 이어졌다. '이렇게 힘든 수술이면 안 했을 텐데'라는 후회가 밀려올 정도로 고통스러웠다.

4주간 꼼짝없이 병원에 있으며 다른 강사들의 강의를 찾아 공부하고 틈틈이 설교를 들으며 은혜로운 시간을 보냈다. 그렇게 오래 쉬어본 건 처음이었다.

그러던 어느 날, 잘 모르는 교회에서 간증을 요청해왔다. 나는 영어 강사이지 부흥사나 사역자가 아니기에 너무도 낯선 제안이었다. 입시 설명회나 영어 공부법 강의라면 흔쾌히 수락했을 텐데 간증을 하라고 하니 머리가 새하얘졌다.

더욱이 종종 성공한 크리스천 사업가들이 간증한 후에 이전처럼 살지 못하는 모습을 보며 함부로 간증을 하면 안 되겠다고 생각했던 터라 더욱 조심스러웠다. 어머니도 "간증할 거면 간증대로 살아야 한다. 아니, 더 제대로 살아야 한다"라고 매번 강조했다.

거절하기로 마음을 굳히고 답장을 하려는데 순간 가슴이 울컥했다. 내 안에서 하나님이 '서운하다'라고 말씀하시는 것 같았다. 이 감정이 무엇인지 알고 싶어서 기도했다. 하나님은 선명히 말씀하셨다.

'네 앞날이 걱정돼서 나를 전하지 않으려는 게 몹시 서운하구나.'

그러고는 내 마음속을 낱낱이 드러내셨다. 그 안에는 오만 가지 염려가 뒤죽박죽 엉켜있었다.

'간증 한번 잘못했다가 괜히 비난받거나 구설에 오를 수도 있어. 회사에 불미스러운 일이 생길 수도 있고. 만일 간증한 후에 회사를 경영하다가 작은 실수라도 하면 내 간증을 들은 크리스천들이 나뿐 아니라 예수님을 저버릴 수도 있어.'

주님은 내 속을 비추신 후에 예수님을 떠올려주셨다. 그렇게 따지면 예수님은 이 땅에 오시지 말았어야 했다. 그분은 자기 백성을 구원하기 위해 온갖 모욕과 수치를 견디셨고, 극심한 고통을 참아내셨다. 가장 억울한 건 예수님이셨다.

나는 그분을 따른다면서 정작 그분이 통과하신 비난, 고통, 수치의 멍에는 조금도 지려고 하지 않았다. 좁은 길 가운데 감내해야 할 것은 피하고 싶었고, 두고 가야 할 것은 내려놓기 싫었다. 주님은 또다시 말씀하셨다.

'내 멍에는 쉽고 가벼우니 아무 염려 말아라.'

나는 병원 침상에서 회개하는 마음으로 간증을 결심했다. 부모님에게 말하자 한결같은 대답이 돌아왔다.

"말한 대로 살 자신 없으면 하지 마라."

나는 간증 이후의 부담을 주님께 내려놓고 대답했다.

"네, 주님이 책임지실 겁니다."

첫 간증 자리에서 나는 주님과 깊은 교제 가운데 받은 마음을 진솔하게 나누었다. 내가 아닌 그분만 드러나시는 은혜롭고 감사한 시간이었다.

내가 간증을 하기로 믿음으로 결정했다고 하자 아내가 물었다.

"당신이 결혼할 때 한 말 기억나?"

"뭐?"

"만일 하나님이 모든 소유를 내려놓고 선교지로 떠나라고 하시면 갈 수 있을 것 같냐. 이제 반대로 내가 물어볼게. 당신, 지금까지 이룬 걸 다 내려놓고 하나님이 떠나라고 하시면 나랑 떠날 수 있어?"

갑자기 마음이 먹먹했다. 쉽게 입이 떨어지지 않았다. 그러나 하나님이 이 모든 걸 주셨다는 사실을 부인할 수 없었다. 나는 담담한 목소리로 아내에게 말했다.

"…응, 가능할 것 같아. 지금까지 내 삶을 인도하신 하나님이라면 또다시 내가 생각하지 못한 길로 인도하실 거야. 난 그분을 신뢰해."

그날 밤 아내와 나는 그동안 베푸신 하나님의 은혜를 생각하며 함께 울었다. 나의 내려놓음 훈련은 아직 끝나지 않았다. 하나님이 내려놓으라고 하실 때 즉각 내려놓는 자가 되도록 끊임없이 훈련 중이다.

그 이유는 간단하다. 우리가 손에 쥔 것을 내어드릴 때 하나님이 일하시기 때문이다. 잠깐은 두려울 수 있으나 순종이 진정한 축복의 길임을 나는 알고 있다. 그래서 오늘도 손에 힘을 풀고 그분의 부드러운 이끄심에 삶을 맡겨드린다.

3
PART

청지기
경영
훈련

본질과 사명에 집중하라

매출보다
본질이 먼저다

모든 경영인에게 가장 중요한 게 뭐냐고 물으면 말로는 고객
이라고 하지만, 속마음은 매출일 것이다. 전문용어로 '영업
이익'이다. 고객 수가 매출로 직결되기에 대부분 기업은 고객
을 위하는 척하지만 실상은 매출을 끌어올리기 위해 혈안이
되어있다.

　그런데 이 안에는 오묘한 차이가 숨어있다. '고객=매출'에
서 어디에 초점을 두느냐의 차이다. 고객에게 집중하면 매출
은 자연스럽게 따라온다. 그러나 매출에 목표를 두고 매출

상승에만 열을 올리면 고객을 위한 경영은 할 수 없다. 자연히 고객이 떨어져 나가고 그 기업은 오래가지 못한다. 나도 시행착오를 거듭한 끝에 깨달은 사실이다.

한창 학원이 성장할 무렵, 내 안에도 욕심이 스멀스멀 올라왔다. 수강생이 500명 정도 될 때였는데 내 머릿속에는 '어떻게 하면 돈을 더 벌 수 있을까'라는 고민만 가득했다.

그러던 중 어릴 적 학원에서 나를 반겨주던 자판기가 떠올랐다. 그 자판기에는 내가 사랑하는 콜라가 2,3개씩 비치되어 있었다(인기 있는 제품은 금방 품절되기 때문이다). 매일 자판기 앞을 얼쩡거리는 내게 원장님은 "너 같은 학생들 덕에 자판기 수입이 의외로 짭짤하구나"라고 말했다.

내 어릴 적처럼 아이들이 쉬는 시간에 자판기 앞으로 우르르 몰려가는 모습을 상상했다. 자판기는 아주 쏠쏠하고 짭짤한 '효자템'임에 틀림없었다.

'그래, 우리 학원에도 자판기를 놓자!'

자판기 가격을 알아보니 중고는 30만 원부터 신제품은 천만 원까지 천차만별이었다. 동생과 나는 약 100만 원짜리 자판기를 들여왔다. 최대한 이윤을 많이 남기려고 음료수를 싸게 파는 곳을 샅샅이 뒤졌지만 학원 아래층에 작은 슈퍼마

켓이 있어서 그곳과 같은 단가를 책정해야만 했다. 그러자 음료수 1캔당 약 200원이 남았다.

동생과 나는 학생 1명당 10캔씩, 한 달에 5천 캔은 거뜬히 팔리리라 예상하고, 최소 100만 원 이상 벌 생각에 들떠있었다. 우리는 자판기에 음료수를 꽉꽉 채워 넣고 첫 수익으로 몸보신 겸 등심을 먹으러 시내에 나갈 꿈에 부풀었다(본사가 지방에 있던 시절엔 등심을 먹으려면 신도시까지 나가야 했다).

그런데 첫 달에 딱 100캔이 팔렸다. 이윤은 고작 2만 원. 더 기막힌 건 그달 전기세가 딱 2만 원 더 나왔다는 거다. 워낙 전기 효율이 안 좋은 저렴한 자판기여서 전기를 마구 잡아먹었다. 전기세를 내고 나니 등심은커녕 자판기를 들여오고 음료수를 채워 넣은 수고비조차 안 남았다. 음료수 캔 쓰레기만 넘쳐났다.

이쯤이면 욕심부린 것을 뉘우칠 만도 한데, 나는 비치해둔 음료수가 매력적이지 않은 게 문제라고 생각했다. 그래서 음료수를 죄다 '뚱캔'으로 바꾸었다. 뚱캔은 일반 캔보다 통통해서 더 맛있어 보이고 가격 대비 양도 많아서 인기가 좋았다.

전면적인 뚱캔 교체 작업까지 했지만 한 달 뒤 매출은 또다시 2만 원이었다. 사실 2만 원도 온전한 이유라고 보기 어려웠다. 동생과 내가 뽑아 먹은 게 절반 가까이 되었기 때문이다. 결국 우리는 100만 원짜리 자판기를 30만 원에 되팔고, 아무것도 남기지 못한 채 자판기 사업을 마쳤다.

나는 시간이 지나서야 실패의 원인을 알았다. 우리 학원은 학생들이 최소 3,4시간 공부하는 일반 학원과 달리 딱 30분에서 1시간만 관리받고 돌아가는 시스템이어서 굳이 자판기에서 음료수를 뽑아 마실 필요가 없었다. 오랫동안 공부하며 땀도 흘리고 목이 말라야 음료수가 생각날 텐데, 잠깐 있다 가니 아래층 슈퍼를 이용하는 게 더 익숙하고 편리했던 거다.

사실 자판기는 오로지 매출을 올리려는 목적만 있었지 학생에게는 아무 도움이 되지 않는 것이었다. 학업 능률을 올리는 것도, 면학 분위기를 조성하는 것도 아니었다. 그야말로 본질을 잃은 매출 중심 경영의 폐해였다.

이 일로 나는 귀한 교훈을 얻었다. 매출을 목표로 삼으면 결국 망하지만 본질인 고객을 위하면 매출이 따라온다는 거였다. 그 후 본질을 벗어난 사업은 절대 벌이지 않겠다고 다짐했다. 내 유일한 판단 기준은 '이것이 정말 학생에게 도움이 되는가'로 귀결되었다.

이런 본질 경영은 교회에도 적용될 수 있다. 교회의 본질은 하나님이시고, 교회는 그분을 영화롭게 해드리기 위해 존재한다. 그러므로 교회가 하나님께 집중하고 성도들이 그분의 뜻대로 살도록 힘쓸 때 그 외의 것도 채워진다. 그러나 성도수나 성전 규모에 집착하면 맛을 잃은 소금이 되어 하나님과 세상으로부터 버려질 것이다.

크리스천은 하나님의 경영 원칙을 따르는 자다. 그분이 주신 사명과 본질에 집중하면 세상의 무수한 이론과 지식을 뛰어넘어 하늘에서 부어지는 페이버(favor)를 경험할 수 있다.

외형보다
본질이 먼저다

디쉐어의 경영 철칙이 있다.

"외형보다 본질이 먼저다."

그러나 많은 회사가 반대로 간다. 외형을 더 중시하기에 사옥을 멋지게 짓고 홈페이지를 단장한다. 정작 고객에게는 별로 중요하지 않은 요소인데 말이다. 우리가 음식점을 찾아갈 때 기대하는 건 그 음식점의 본사가 어느 동네에 얼마나 멋지게 지어졌는지가 아니라 음식의 '맛'이다. 아무리 본사가 뉴욕 맨해튼 한가운데 50층 건물로 자리 잡고 있어도, 고객을 만족시키지 못한다면 아무 소용이 없다. 중요한 건 본질이다. 외형은 맨 마지막에 신경 써도 늦지 않다.

내 본질 경영의 대표적인 세 가지 사례가 있다.

첫 번째 사례는 'USB 시스템'이다. 2011년 처음 쓰리제이 에듀를 시작할 때였다. 우리 학원은 내원해서 긴 시간 강의를 듣는 게 아니라 집에서 인터넷 강의를 듣고 공부한 다음 학원에서 점검해주는 시스템이다. 이런 특성상 가장 중요한 건 홈페이지에서 강의 영상이 끊기지 않고 재생되는 스트리밍 방식의 동영상 시스템이었다.

당시 메이저급 인터넷 강의 회사들은 이미 이런 시스템을 탄탄히 구축한 상태였다. 그러나 우리 회사는 이 모든 걸 세팅하는 데 들어가는 엄청난 비용을 감당할 여력이 없었다.

그래서 나는 딱 한 가지만 생각했다. 본질, 곧 학생만을! 다른 학원의 홈페이지가 얼마나 근사한지나 영상 구동이 얼마나 잘되는지보다 학생의 입장에서 꼭 필요한 게 무언지를 생각했다. 학생들은 인터넷에 접속하여 강의를 듣든, 강의 파일을 다운받아 보든 영상이 안 끊기고 재생되기만 하면 그만이었다. 그때 번쩍이는 아이디어가 떠올랐다.

'그래, 학생의 컴퓨터에 강의 영상을 넣어주자!'

나는 과감히 홈페이지 세팅을 멈추고, 학생들에게 말했다.

"너희가 USB를 가져오면 일주일 강의 분량을 넣어줄 거야. 집에 있는 컴퓨터에 연결해서 강의를 듣고 오면 된단다."

"선생님, 그러면 저희가 이걸 유포할 수도 있잖아요."

"나는 너희를 믿어."

사실 이 부분이 걱정이긴 했다. 하지만 우리 학원은 크지 않았기에 유포된다 한들 학원이 더 알려지는 계기가 될 수 있었고, 학생들도 자기 자산을 쉽게 퍼뜨리지 않을 거라고 생각했다.

나는 수강생이 3천 명이 될 때까지 'USB 시스템'으로 학원을 운영했다. 사람들은 홈페이지나 동영상 시스템이 없다는 이유로 학원을 작고 우습게 봤지만, 우리는 주 고객인 학생들이 만족한다면 그걸로 충분했다. 대신 최상의 강의로 그들의 성적을 향상시키기 위해 전력을 다했다.

그리고 회사 매출이 100억 정도 될 즈음, 보안 문제가 발생해서 홈페이지를 만들고 동영상 시스템도 세팅했다. 본질에 집중하며 내실을 다진 후에 외형을 갖추니 학원은 더 급성장했다.

본질 경영 두 번째 사례는 화려한 앱(app)을 포기한 것이다. 쓰리제이에듀 개원 당시 대부분의 학원에서는 단어 시험을 볼 때 종이에 영어 단어를 인쇄한 뒤 한 단어당 20-30초 안에 한글 뜻을 쓰게 했다. 그러나 수능에서는 수백 개의 단어가 들어있는 지문을 1분 30초 안에 독해하고 문제까지 풀어야 하기에 단어를 보자마자 뜻이 떠올라야 한다.

나는 기존의 단어 시험 방식이 실전 훈련으로 적합하지 않다고 생각했다. 그 속도로는 수능에서 반도 못 풀고 끝날 게 뻔했다. 그래서 새로운 형식의 단어 시험지를 만들고 싶었다. 단어를 보고 1초 안에 뜻을 말해야 통과되는 시험지 말이다.

스마트폰이 막 보급될 무렵이어서 이런 기능이 탑재된 앱을 개발자들에게 문의했더니 1억 가까운 개발비를 요구했다. 그 돈을 줄 바엔 내가 만들겠다는 심정으로 시험지 개발에 들어갔다.

그렇게 탄생한 게 'PPT 단어 시험지'였다. 우리가 잘 아는 파워포인트 프로그램으로 1억짜리 앱을 대체할 신개념 단어 시험지를 완성했다. 한 슬라이드에 단어 하나를 크게 적고 1초 뒤 다음 슬라이드로 넘어가게끔 설정하여 학생들이 단어를 보자마자 뜻을 말하도록 했다.

"1초에 단어가 하나씩 지나갈 거야. 보자마자 단어 뜻을 말하지 못하면 틀린 것으로 간주할 테니 정신 바짝 차려!"

학생들은 처음 보는 시험지에 놀라워했다. 기존 프로그램을 활용했을 뿐이지만 본질을 추구하다 보니 떠오른 신선한 대안이었다. 물론 세련되고 멋진 앱을 만들고 싶은 마음이 굴뚝 같았지만 여건이 어렵다면 같은 학습 효과를 낳는 대안을 찾는 게 지혜라고 생각했다.

PPT 단어 시험지는 수강생 1천 명을 달성할 때까지 제 몫을 충실히 해냈다. 그 후 수억 원을 투자하여 훨씬 다양한 기능을 탑재한 단어 시험 앱을 자체적으로 개발 및 출시했다.

본질을 놓치지 않는 회사는 성공한다. 외형은 나중에 갖춰도 늦지 않다. 세상의 시선과 평가보다 고객의 필요에 집중하면 나머지는 따라온다.

광야 생활 40년 동안 하나님이 이스라엘 백성에게 바라신 건 다름 아닌 본질이었다. 하나님과의 친밀한 관계, 어떤 순간에도 그분과 멀어지지 않는 단단한 믿음을 요구하셨다. 구약성경을 살펴봐도 본질을 잃어버릴 때 꼭 시련이 찾아왔다. 신앙도 본질이 생명이듯이 경영도 본질이 승패를 좌우한다.

세 번째 사례는 본사 이전 문제이다. 요즘 대부분의 스타트업 기업은 강남에 본사를 두고 있다. 그래야 기업의 체면도 살고 투자받기 좋다고 생각하기 때문이다. 그러나 과연 본질을 추구하는 태도인지는 모르겠다.

　나도 본사가 지방에 있을 때는 명함을 내밀 때마다 민망한 상황을 마주했다. 거래처의 표정이 변하는 걸 수시로 목격했고 그 동네가 어디냐는 질문도 많이 받았다. 하지만 어디까지나 본사에 관해서도 고객인 학생의 입장에서 생각했다.

　비싼 동네에 화려한 본사를 마련하는 게 학생의 성적 향상에는 아무 영향을 주지 않기에 창업 후 9년 동안 지방에 본사를 두었다. 그리고 콘텐츠 개발과 회사의 역량을 키우기 위해 꼭 필요한 타이밍에 서울로 이전했다. 그 결과 훌륭한 인재를 적재적소에 채용할 수 있었다.

본질에 집중하면
나머지는 채워진다

어떤 사람은 사업을 못 하는 이유를 이렇게 말한다.

　"돈도 없고 인맥도 없는데 어떻게 사업을 해요."

　이건 다 본질에 집중하지 않아서 하는 말이다. 나야말로 사업을 시작할 때 단 1원도 투자받지 않았다. 초기 자본은 과외로 번 돈과 아버지가 지원해주신 500만 원이 전부였고,

그 밑천으로 지금까지 왔다. 만일 수억 원 빚을 내서 홈페이지와 동영상 시스템을 구축하고, 앱을 만들고, 도심 한복판에 본사를 세웠다면 지금과 같은 성장은 불가능했을 것이다.

외형을 갖추려는 욕구는 높아지려는 마음에서 출발한다. 앞서 말했듯이 이스라엘 백성은 멋진 국가를 세우고 싶어 했다. 최고의 통치권자이신 하나님이 계셨음에도 화려한 궁정과 힘 있는 왕, 강력한 정치 체제를 원했다. 그 속마음은 이방 나라에 뒤지지 않는 부강함을 과시하고 스스로 높아지려는 데 있었다. 하나님이 "나 하나로 충분하다!"라고 재차 말씀하시는데도 백성들은 끝내 고집을 꺾지 않았다.

경영도 마찬가지다. 본질을 추구하면 외형은 알아서 갖춰진다. 감사하게도 내가 본질에 집중했을 때 하나님은 매출과 외형을 책임져주셨다. 그럴싸한 외관도 떠들썩한 마케팅도 없었지만 회사는 꾸준히 가파른 성장 곡선을 탔다.

주위 사람들이 연 매출이나 수강생 수를 듣고도 믿지 못할 정도였다. 그때마다 나는 더 빨리 더 많이 벌고 싶은 마음을 경계하며 더욱 본질을 붙들었다.

많은 경영인이 회사 규모를 드러내기 위해 투자를 받는다. 10퍼센트의 주식을 100억에 투자받으면 회사 가치는 1천억

이 된다. 그러면 어디서든 "우리의 기업가치는 1천억입니다"
라고 당당하게 말할 수 있다. 그러나 투자는 기업 성장의 한
방편일 뿐이다.

우리 회사는 투자 없이 성장했고, 임원급 채용을 계기로
꼭 필요해서 투자를 받았다. 본사를 방문한 투자자들이 모
두 똑같은 말을 했다.

"지금까지 어디 숨어있었기에 이런 회사를 저희가 못 본 걸
까요?"

그리고 수차례 미팅 끝에 한 투자사로부터 기업가치
3,300억의 주식 지분 50퍼센트인 1,650억을 투자받았다. 이
일이 교육 업계에 알려지자 여기저기서 연락이 왔고, 타 기업
대표들도 나를 알아보기 시작했다. 그러나 이때를 기회 삼
아 외형을 드러낼 생각은 조금도 없었다. '본질 경영'이라는
경영 철학은 변함이 없었다.

나는 회사의 앞날은 오직 하나님께 달려있다고 생각했다.
그동안 그분만 신뢰하며 본질을 향해 나아갈 때 회사를 지
키시고 세우시는 세밀한 손길을 경험했기 때문이다.

청지기 재정원칙 일곱 가지

청지기 마인드를
가져라

청지기 재정원칙의 첫 번째 원칙이자 대전제는 '청지기 마인드'이다. "내 재정은 내 소유가 아니라 하나님이 내게 잠시 맡겨주신 것이며, 나는 그 돈을 잘 관리하는 청지기다"라는 고백이 전제된 태도를 말한다.

마태복음에 나오는 달란트 비유에서 주인은 종들에게 각각 다섯 달란트, 두 달란트, 한 달란트를 맡기고 떠난다. 종들은 그 돈의 주인이 아니라 청지기였다. 오랜 시간이 지난 뒤에 주인이 돌아왔을 때 그들은 저마다 다른 결과물을 주인에게 보이고 칭찬을 받거나 쫓겨났다.

달란트 비유는 우리 모두의 이야기이다. 훗날 주님 앞에
섰을 때, 이 땅에서 우리가 각각 맡은 물질을 '그분의 마음에
합당하게 사용했는지' 여부로 칭찬과 저주가 판가름 날 것이
다. 칭찬이나 저주는 모두 주인의 마음에 근거한다.

그러므로 청지기는 주인의 뜻을 헤아리며 재정을 신중히
집행해야 한다. 그런데 그걸로 끝이 아니다. 주인의 마음에
합한 곳에 물질을 흘려보내는 것만큼이나 중요한 게 바로 청
지기의 '기본자세'이다. 주님은 두 가지를 내게 말씀하셨다.

첫째는 감사하는 마음이다. 경영을 하다 보면 큰돈을 만
질 일이 많다. 몇십억을 집행하는 일도 흔하다. 그런데 액수
와 상관없이 내 안에 기쁨이 넘칠 때도 있었고, 그렇지 않을
때도 있었다.

하나님이 큰돈을 맡기실수록 부담감이 더해지기도 했다.
그분의 돈을 집행할 뿐인데 왜 내 기분이 오르락내리락할까
고민스러웠다. 오랜 기도 끝에 그 답을 발견했다.

하나님은 물질을 맡기실 때 우리가 의무와 책임감뿐 아니
라 기쁨과 행복도 함께 누리길 원하신다. 나를 믿고 맡겨주
시는 그분의 손길을 기뻐하길 원하신다. 그런데 나는 회사
매출이 늘어도 기쁨이 커지지 않았다. 무거운 돌덩이를 얹은

것처럼 어깨가 내려앉는 기분이 들곤 했다.

회사에도 나와 비슷한 반응을 보이는 직원들이 있었다. 그가 일을 잘해서 진급을 시켰는데 그의 안색이 점점 어두워지는 걸 종종 목격했다. 그가 기뻐할 줄 알았는데 도리어 불편해하거나 투덜대는 모습을 보면 속이 상했다. 나를 향한 하나님의 마음도 이와 같으셨을 것이다.

왜 기쁨이 없을까? 감사가 없기 때문이다. 청지기 마인드는 청지기 직분 자체를 감사하는 데서 출발한다. 자격도 능력도 없는 내게 주님의 물질과 사명을 맡겨주신 은혜에 감사하는 마음이 그분이 우리에게 가장 기대하시는 모습이다.

이를 깨닫고 나는 돈을 집행할 때마다 감사 기도를 드렸다.

'아버지, 제게 이 집행권을 허락해주셔서 감사합니다. 부족한 저를 믿어주시는 은혜에 감사드리며 오늘도 청지기의 삶을 기쁨으로 감당하겠습니다.'

감사하면 기쁨과 행복이 깃들지만 감사를 잃으면 부담감과 책임감이 짓누른다. 주님이 내게 맡기신 재정, 사역, 직분, 재능을 기쁨으로 감당하고 있는지 돌아보고 감사의 고백을 올려드리자.

둘째는 주인을 바라보는 태도다. 청지기는 주님의 마음이 있는 곳에 내 마음을 드리는 자다. 때로 우리는 맡겨주신 사명과 물질에 집중하다가 그것이 내 것인 양 착각할 때가 있다. 나 역시 투자받기 전에는 내 주식 지분이 거의 100퍼센트여서 회사를 내 것이라 여기며 돈을 집행한 적이 많았다.

청지기는 맡은 자에 불과하다. 그러므로 주인의 마음으로 물질을 관리하다가 주인이 말씀하시면 언제든 흘려보낼 수 있어야 한다.

그러려면 손안의 물질이 아닌 물질의 공급원에게 시선을 고정해야 한다. 지금껏 내가 남을 돕거나 선교사 후원을 이어올 수 있었던 건 주님을 향한 내 시선을 붙들어 달라고 매일 기도한 덕분이다.

'아버지, 이 재정을 주님이 말씀하시는 곳에 흘려보내게 하소서. 맡겨주신 은혜에 감사하되 주인 자리를 넘보지 않고, 물질이 아닌 주님만 바라보게 하소서!'

'감사'와 '주님을 향한 시선'이 청지기의 올바른 마음가짐이자 기본자세다. 이 두 가지를 놓치지 않는다면 충직한 청지기로서 준비를 마친 거다. 다음으로 실질적인 적용 원칙을 살펴보자.

빚이 있으면
굶어라

빚은 우리 삶에 놀라운 영향력을 행사한다. 빚이 생기는 순간, 우리는 돈의 노예가 되어 돈에 끌려다닌다. 대기업이나 수천억 자산가도 예외는 아니다.

2008년 금융 위기 때 미국에서 금융 붕괴 사태가 일어난 것도 아파트를 담보로 한 과도한 대출이 원인이었다. 미국 국민은 빚을 내어 집 사는 걸 당연시했고, 은행도 경기 진작(振作)과 수익 향상을 위해 이를 부추겼다. 그 결과로 연이은 은행 도산과 개인 파산이 이어졌다.

우리나라도 크게 다르지 않다. 2020년 11월, 국제금융협회(IIF)에서 세계 34개국을 대상으로 분석한 〈글로벌 부채 모니터〉 보고서에 따르면 한국의 국내 총생산(GDP) 대비 가계부채 비율은 100.6퍼센트로 나타났다. 이는 영국(87.7퍼센트)이나 미국(81.2퍼센트) 등 주요 선진국보다도 높은 수준이다. 한국보다 가계부채 비율이 높은 나라는 레바논(116.4퍼센트)뿐이라고 한다.

100퍼센트를 넘은 건 이번이 최초인데 이는 국민 모두가 빚이 있다는 뜻이다. 가계대출 증가세도 가파르게 상승하는 점을 미루어 보아 한국의 가계부채 수준이 심각하게 우려되는 실정이다. 모두 빚을 삶의 일부로 받아들이고 사는 것이다.

너희는 이 세대를 본받지 말고
오직 마음을 새롭게 함으로 변화를 받아
하나님의 선하시고 기뻐하시고 온전하신 뜻이
무엇인지 분별하도록 하라
롬 12:2

그러나 크리스천은 세상 풍조를 따라가는 존재가 아니다. 우리는 주님의 뜻을 분별하고 그분의 공급하심을 의지해야 한다.

내 주변에도 무리한 대출로 고생한 사람이 많다. 더러는 본인이 저질러놓고 하나님께 책임지시라고 큰소리치기도 했다. 맘몬에 붙잡힌 그들에게 감사나 평안은 찾아볼 수 없었다. 하나님의 공급하심을 경험하기는 더더욱 어려워 보였다.

감사하게도 나는 어릴 때부터 빚에 관해 철저히 교육받았다. 아버지의 가르침은 말이 아니라 몸소 살아내는 참 교육이었다. 아버지는 패널 대여, 당구장, 용접, 중고차 사업 등을 하면서 (꼭 필요한 경우가 아니면) 대출받지 않는 걸 철칙으로 삼았다.

가진 돈으로 사업을 시작했고, 설령 실패해도 딱 그만큼만 잃었다. 빚 없이도 사업할 수 있다는 걸 보고 자란 덕에 '빚은 절대 지지 말자'라는 생각이 내 안에 확고히 자리 잡았다.

사람들은 아파트를 살 때 대출받는 걸 당연하게 여긴다. 그러나 아버지는 그만한 재정이 있어야 그 집에 살 자격이 있다고 말했다. 《왕의 재정》이나 DTS 훈련에서도 주택담보대출은 빚이라고 분명히 언급한다. 세상에 당연한 빚이란 없기 때문이다.

나도 결혼할 때 고민이 많았다. 아버지의 가르침대로라면 빚을 지면 안 되는데, 전세금이 너무 아까워서 1억을 대출받아 집을 샀다. 인생 최초로 큰 빚을 지자 내 어깨를 묵직한 뭔가가 짓누르는 듯했다. 당시 내 월수입은 약 1천600만 원이어서 사람들은 1억은 빚도 아니라고 했지만 내 마음은 그렇지 않았다.

그래서 신혼 생활 시작과 동시에 아내와 나는 일단 빚부터 갚자는 마음으로 의기투합하여 '빚과의 전쟁'을 선포했다. 우선 생필품 외에 기호식품과 사치품은 금물이었다. 그리고 고정 지출 외에 가장 큰 비중을 차지하는 식비를 줄이기 위해

'냉동실 음식으로 한 달 살기'를 시작했다.

"오늘부터 외식 금지, 냉장고에 있는 것만 먹자!"

불가피한 일이 없으면 무조건 집에서 식사한다는 원칙을 세우고, 한 달을 버텼다. 냉동실에는 무수히 많은 식재료가 잠들어있었다. 꽁꽁 언 생선과 먹다 남은 빵이 나왔다. 미역이 나오는 날에는 미역국을 끓여 먹었다. 한 달이 지나자 냉동실이 텅텅 비었다.

내가 제일 참기 어려웠던 건 500원짜리 캔 커피 '레쓰비'였다. 이마저도 아끼기 위해 학원에 비치된 인스턴트커피로 대체했다. 주변에서 스타벅스 커피를 마셔도 흔들리지 않았다.

결국 우리 부부는 8개월 만에 빚을 말끔히 갚았다. 내 대쪽 같은 재정원칙에 동참해준 아내에게 정말 고마웠다. 그리고 평생 빚지지 않는 삶을 몸소 살아낸 아버지에게 감사했다. 모든 자식은 부모의 등을 보고 자라기 때문이다.

때로 내가 부모님에게 조언하는 일도 있었다. 하루는 아버지가 어느 미개발 지역 땅을 샀다는 얘기를 듣고 내가 말했다.

"아버지, 투기 목적으로 땅을 사신 겁니까? 심지어 은행에서 대출까지 받으셨어요? 이건 아니라고 생각합니다."

이 문제로 가족 수련회 때마다 얼마나 언성을 높였는지

모른다. 속이 상한 부모님은 교회 담임목사님에게 자초지종을 털어놓았다. 그런데 목사님이 한마디로 일축했다.

"그 집은 아들들 때문에 잘되는 것 같네요."

감사하게도 그 땅은 수익이 나지 않아 본전만 건지고 정리됐다.

또 한번은 어머니가 대출을 받아서 지방의 어느 지역에 3천만 원을 투자했다. 아파트를 짓기도 전인데 가격이 오른다는 말에 솔깃했던 것 같다. 가족 수련회 때 어머니는 그 땅을 위해 기도하자고 했고, 나는 반기를 들었다.

"어머니, 크리스천이 투기 목적으로 부동산을 사다니 말이 됩니까? 그것 때문에 융자를 받다니요. 정말 부끄러운 일입니다!"

나는 우리 직원이나 졸업을 앞둔 학생에게도 늘 강조한다.

"학자금 대출도 엄연히 빚입니다. 부모님에게 빌린 돈도 빚이에요. 부지런히 갚아나가세요."

"빚이 있으면 4, 5천 원짜리 브랜드 커피 말고 1, 2천 원짜리 커피를 마시거나 인스턴트커피를 마시거나 아예 끊으세요. 빚이 없어야 돈에 끌려다니지 않습니다."

이것이 얼마나 '꼰대'스러운 발언인지 나도 잘 안다. 그러나 빚의 족쇄에 묶이면 청지기로 살아가는 데 많은 제약이 있기에 묵인할 수 없다.

세상은 매체를 통해 대출을 쉽고 당연한 것처럼 포장하여 우리를 맘몬의 노예로 속박하려 한다. 그러나 우리는 오직 하나님의 인도를 받아 그분의 뜻대로 돈을 다스리는 청지기다. 그러므로 무리한 투자로 빚에 끌려다니는 삶이 아니라, 있는 범위에서 자족하는 삶을 살아야 한다. 빚에 관한 원칙을 철저히 세우고 빚 갚는 데 전력을 다하자. 굶는 한이 있어도!

하나님을
시험하라

너희는 온전한 십일조를 창고에 들여놓아,

내 집에 먹을거리가 넉넉하게 하여라.

이렇게 바치는 일로 나를 시험하여,

내가 하늘 문을 열고서, 너희가 쌓을 곳이 없도록

복을 붓지 않나 보아라. 나 만군의 주의 말이다.

말 3:10 새번역

주님은 거룩한 도전을 하라고 말씀하셨다. 나는 이 말씀대로 그분을 '시험'했다. 매달 십일조와 구제헌금(5-10퍼센트)을 한 치의 오차 없이 정확하게 드리며, 수입이 늘어도 타협하지 않고 사정이 어려워도 줄이지 않았다. 그러자 하나님은 말씀처럼 쌓을 곳이 없을 만큼 큰 복을 부어주셨다.

그런데 월 1천만 원을 벌 즈음 일생일대의 위기가 찾아왔다. 하나님을 굳이 시험하지 않아도 잘살 수 있게 되니 십일조로 100만 원을 내는 게 아깝게 느껴졌다. 굳게 지켜온 재정원칙이 흔들릴 뻔했지만 다행히 마음에 큰 찔림을 느끼고 정신을 차렸다. 나는 잠시나마 두 마음을 품은 걸 회개하며 그달에는 십이조인 200만 원을 하나님께 드렸다. 다시는 흔들리지 않겠다는 약속의 증표였다.

십일조는 신앙의 발목을 붙잡는 예민한 영역이다. 어릴 때부터 훈련해오면 몰라도 뒤늦게 신앙을 가진 사람은 이 믿음의 테스트 앞에서 적잖이 무너진다. 그들의 공통된 항변은 당장 먹고살 돈도 없는데 십일조 드릴 돈이 어디 있냐는 거다. 그러나 십일조는 마음의 고백이지 합리적인 액수를 따져서 하나님께 떼어 드리는 돈이 아니다.

너희 보물 있는 곳에는 너희 마음도 있으리라

눅 12:34

나는 그동안 섬기는 교회에 이런저런 방법으로 헌금해왔다. 교회 식당의 식탁과 의자, 교육관의 책상을 교체할 때도 하나님이 감동을 주셔서 기꺼이 재정을 흘려보냈다.

그러던 어느 날, 담임목사님이 나를 불렀다. 당시 교회는 마을 주민과 지역사회를 위해 봉사관을 건립하는 중이었다. 성도들은 봉사관을 통해 지역 주민들이 많은 혜택을 보고 하나님께 돌아오기를 소망하며 물심양면 힘을 보태고 있었다.

하루는 목사님이 내게 봉사관 건립에 관해 이야기를 꺼냈다.

"교회 본관과 봉사관을 연결하는 통로를 만드는 데 약 10억 정도 든다네. 그 재정은 교회에서 감당할 형편이 안 되네. 현승원 형제가 후원해줄 수 있겠나? 앞으로 하나님께서 형제의 회사를 100억 가치로 성장시켜주실 걸 믿고 미리 드리는 십일조로 생각하고 말일세."

성경에 '미리 드리는 십일조'에 대한 내용은 없지만 나는 기도해보고 결정하겠다고 말했다. 어떤 강요나 부담도 느끼지 않았기에 이성적으로 판단할 생각이었다. 그런데 목사님 방문을 닫고 나오는 순간, 하나님의 선명한 음성이 들렸다.

'사랑하는 아들아, 내가 네게 복 주기를 원하노라.'

처음에는 무슨 뜻인지 이해되지 않았다. 그러나 하나님은 계속 똑같이 말씀하셨다.

'사랑하는 아들아, 내가 네게 복 주기를 원하노라.'

문득 봉사관을 짓는 헌금이 복의 제안으로 다가왔다. 그리고 내가 헌금하지 않으면 다른 이를 통해 흘려보내실 거라는 생각이 들었다. 나는 이 귀한 복의 자리를 뺏기고 싶지 않았다. 또 하나님을 시험해보고도 싶었다.

'하나님, 제가 이 얘기를 가족에게 나누려고 합니다. 누구라도 반대하면 하지 않겠습니다.'

그날 저녁, 가족에게 말했더니 누구도 반대하지 않았다. 평소 교회가 성도에게 헌금을 요구하는 부분에 특히 민감했던 어머니도 "네 믿음이니까 알아서 해"라고 말했다. 주님의 응답하심이라 믿고 기도했다.

'하나님, 이 교회에 처음 왔을 때 저는 전 재산이 500만 원 정도인 평범한 학생이었습니다. 그 후 하나님이 많은 복을 주셔서 지금은 수백억 자산가가 되었습니다. 제 삶을 축복해주시고 인도해주셔서 감사합니다. 오늘 이 헌금을 기쁨으로 드립니다. 미리 드리는 십일조이지만 앞으로 더한 복을 주시지 않더라도 여태 받은 은혜만으로 족합니다. 늘 감사

하며 살겠습니다.'

　그렇게 기쁘게 헌금을 드리고 약 8개월 뒤에 놀라운 일이 일어났다. 담임목사님이 말한 대로 회사가 투자를 받아 내가 수천억 자산가가 된 것이다. 정말 예기치 못한 일이었다.

　많은 사람이 내게 "헌금하면 복 받아?"라고 묻는다. 그들에게 할 얘기는 이것밖에 없다.

　"성경은 하나님을 시험하면 더 큰 복을 주신다고 말씀해요. 하지만 그 복을 바라며 헌금하는 건 기복신앙이지요. 나는 이미 내 삶에 부어진 은혜만으로도 충분히 감사해요. 이 고백을 하면서 예물을 드렸더니 하나님께서 더 큰 복을 허락하셨어요."

　십일조는 하나님의 명령이기 전에 주신 은혜에 대한 마음의 보답이다. 복을 주시든 안 주시든 오직 감사함으로 드리고 나머지는 하나님께 맡기는 게 옳은 태도다. 하나님은 그분께 아끼지 않는 자에게 후히 주시는 자비와 긍휼의 아버지이시다.

플러스가 되는
재정원칙

우리 인생은 '플러스 인생'과 '마이너스 인생'이 있다. 주님이 아무리 재정을 부어주셔도 마음 가는 대로 탕진하면 하루아침에 마이너스 인생으로 곤두박질친다. 반면 적은 재물도 충성되고 지혜롭게 운용하면 플러스 인생이 될뿐더러, 주님이 더 큰 복을 허락하신다. 이처럼 청지기는 맡겨주신 돈을 플러스가 되도록 가치 있게 활용해야 한다.

다섯 달란트 받았던 자는

다섯 달란트를 더 가지고 와서 이르되

주인이여 내게 다섯 달란트를 주셨는데

보소서 내가 또 다섯 달란트를 남겼나이다

그 주인이 이르되 잘하였도다 착하고 충성된 종아

네가 적은 일에 충성하였으매 내가 많은 것을 네게 맡기리니

네 주인의 즐거움에 참여할지어다 하고

한 달란트 받았던 자는 와서 이르되

주인이여 당신은 굳은 사람이라 심지 않은 데서 거두고

헤치지 않은 데서 모으는 줄을 내가 알았으므로

두려워하여 나가서 당신의 달란트를

땅에 감추어두었었나이다

보소서 당신의 것을 가지셨나이다

그 주인이 대답하여 이르되 악하고 게으른 종아

나는 심지 않은 데서 거두고 헤치지 않은 데서 모으는 줄로

네가 알았느냐 그러면 네가 마땅히 내 돈을

취리하는 자들에게나 맡겼다가 내가 돌아와서

내 원금과 이자를 받게 하였을 것이니라 하고

그에게서 그 한 달란트를 빼앗아 열 달란트 가진 자에게 주라

무릇 있는 자는 받아 풍족하게 되고

없는 자는 그 있는 것까지 빼앗기리라

마 25:20,21,24-29

다섯 달란트 맡은 종은 다섯 달란트를 더 벌어서 주인에게 칭찬받고 더 많은 일을 위임받았다. 그러나 한 달란트를 땅에 묻은 종은 악하고 게으르다는 핀잔만 듣고, 그 한 달란트마저 빼앗긴 후 주인의 집에서 쫓겨났다.

이처럼 하나님은 우리가 재정을 어떻게 관리하는지 보시고 더 큰 재정을 맡길지, 있는 것마저 빼앗을지 판단하신다. 그러므로 충성된 청지기는 돈을 함부로 쓰지 말고 잘 보관

하되 다섯 달란트를 열 달란트로 만드는 지혜도 겸비해야 한다.

우리는 돈을 아무 생각 없이 쓸 때가 너무도 많다. 당장 이번 달 카드 내역서만 봐도 무분별한 소비 습관이 여실히 드러난다. 충동구매가 넘친다. 쓸모없는 물건을 기분 전환 삼아 혹은 강박적으로 구매하고 잠시 위안을 얻지만 내면의 공허함은 채우지 못한다. 우리의 영혼은 오직 주님으로만 채워지도록 지어졌기 때문이다.

'플러스가 되는 재정원칙'은 크게 필수 재정과 사치품으로 나누어 생각할 수 있다. 필수 재정은 말 그대로 의식주에 소비하는 재정이다. 흔히 이를 '당연한 지출'로 여겨 절약할 생각을 안 하지만 그 안에서도 충분히 아낄 수 있다. 단돈 몇 푼이라도 절약하려고 마음먹으면 방법은 얼마든지 있다.

그렇다면 사치품은 어떻게 소비해야 할까? 사치품은 필수 재정 외의 모든 소비를 일컫는다. 사실 생필품을 제외한 대부분은 사고 나면 가치가 떨어진다. 예를 들어, 50만 원짜리 가방을 샀다가 되팔면 25-30만 원 정도 받을 수 있다. 자동차나 가구도 마찬가지다. 만일 2천만 원짜리 차를 되팔면 1천100만 원에서 시작하여 해마다 평균 100만 원씩 떨어진다.

차를 3년 정도 타면 되팔 때 반값밖에 안 쳐주기에, 이때 좋은 차로 갈아타는 사람은 곱절로 낭비하는 셈이다. 그러므로 사치품은 향후 값이 오를지 떨어질지를 고려해서 신중하게 사야 한다.

되도록 가치가 오르는 걸 사고, 떨어져도 조금만 떨어지는 걸 사는 게 현명하다. 그러면 이런 의문이 들 것이다.

'대체 값이 오르는 게 뭐가 있지? 뭘 사야 덜 떨어진다는 거야?'

바로 달러, 금, 명화, 시계 등이다. 부자들이 이런 걸 사들일 때 사람들은 그들이 사치한다고 생각한다. 그러나 진짜 사치는 오늘 내가 마신 5,6천 원짜리 커피부터 충동구매한 원피스와 재킷, 20-30만 원짜리 의자, 굳이 없어도 되는 주방용품이나 가구들이다. 이는 대부분 되팔 수 없고, 되팔아도 거의 돈을 받지 못한다.

반면에 금, 명화, 시계와 같은 자산은 되팔 때 열에 아홉은 값이 올라있으며 떨어져도 그 폭이 크지 않다. 유대인이 쓴 자기계발서에 이런 문장이 있다.

"가난한 사람은 사치품을 사지만 부자는 자산을 산다."

플러스가 되는 재정원칙의 핵심이 담겨있다. 그러면 혹자는 이렇게 말할 것이다.

"저는 사치품은커녕 자산을 살 처지도 안 돼요."

그렇다면 생필품을 최대한 절약하고 나머지는 저금하길 권한다. 하나님은 우리가 주어진 재정 안에서 아끼고 자족하며 살아갈 때 더 큰 재정을 맡겨주신다.

이십 대 초, 수입차를 타는 친구들이 내 주변에 많았다. 그들은 없는 형편에도 여기저기 손을 벌려서 고급 차를 몰고 다녔다. 잠시 부러울 때도 있었지만 나는 플러스가 되는 재정원칙을 세우며 살았기에 흔들리지 않았다. 26세에 과외를 서너 개 할 무렵, 친구들이 물었다.

"너는 한 달에 100만 원씩이나 버는데, 차 하나 사도 되지 않아? 대중교통을 이용하면 힘들잖아."

나는 차분히 답했다.

"차는 사는 순간부터 마이너스야. 기름값뿐 아니라 세차비, 주차비, 수리비, 보험료, 자동차세, 가끔 날아오는 딱지까지 유지 비용이 너무 커. 만일 1년마다 떨어지는 자동차 가격과 매해 유지 비용을 넉넉히 상쇄할 만큼 과외가 더 생기면 차를 살 거야. 그게 아니면 차는 지금 내게 사치품이야."

친구들은 그런 내게 "넌 죽을 때 돈을 싸 들고 갈 거냐"라며 혀를 내둘렀다. 물론 그럴 생각은 추호도 없었다. 돈은 하나님의 것이며 청지기 원칙대로 써야 한다고 생각할 뿐이었다. 그들이나 나나 돈을 벌고자 하는 건 같았지만 '누구를 위해 버느냐'에서 극명한 차이가 있었다.

나는 과외를 대여섯 개 할 무렵, 드디어 차를 사기로 했다. 예상 지출보다 수입이 많았고, 차를 사면 더 많은 과외를 할 수 있다는 이점도 있었다. 나는 보험료와 자동차세, 기름값을 적게 내고 매년 떨어지는 자동차 가격을 최소화하기 위해 최저가 중고차를 찾았다.

당시 아버지가 중고차 사업을 해서 200만 원 이하의 차를 부탁했다. 내가 아버지였다면 자녀가 고물 차를 타다가 위험할까 불안해서라도 좋은 차를 거저 줬을 텐데, 아버지는 정확히 내 요구에 충족되는 차를 구해주었다.

우리 집안은 빌려준 돈과 그냥 준 돈, 사고파는 돈을 분명하게 나눈다. 아무리 부자(父子) 관계여도 그냥 주는 법이 없고, 꾸어준 돈을 흐지부지 넘어가지 않는다.

아버지는 동생이 유학 갈 때 일정 금액을 보태주면서 그 이상을 빌릴 거라면 직접 벌어서 갚으라고 했다. 동생은 나와 쓰리제이에듀를 시작한 초창기 내내 빌린 유학 자금을 갚았다. 아버지는 재정 훈련 차원에서 동생으로부터 그 돈을 끝내 다 받았다.

이런 아버지였기에 당시 중고차 장사를 하며 많은 차를 보유하고 있었지만, 내게 딱 200만 원짜리, 1999년식 17만 킬로미터를 주행한 중고차의 열쇠를 건네주었다.

플러스가 되는 재정원칙이란 외형이 아닌 본질을 추구하는 삶이다. 외형을 신경 쓰면 이 원칙대로 살아내기 어렵다. 더 큰 집에 월세로 살며, 더 좋은 수입차를 리스(lease)로 타고, 화려한 식사로 배를 채워야 하기 때문이다.

이런 삶은 늘 마이너스 인생으로 허덕이다가 '왜 나를 이 지경이 되도록 내버려 두셨냐'라며 하나님을 원망하는 걸로 끝맺는다. 하나님의 잘못이 아니라 그분이 맡겨주신 재정을 멋대로 낭비한 그의 책임인데 말이다.

하나님이 우리를 믿고 맡겨주신 물질을 플러스가 되는 재정원칙으로 운용할 때 두 달란트가 네 달란트 되고, 다섯 달란트가 열 달란트 되는 축복이 부어질 것이다.

어려움에 처한
한 영혼을 돌보라

쓰리제이에듀가 조금씩 확장되던 때였다. 학원에 초창기부터 함께한 직원이 있었는데, 그는 교회 후배이자 쓰리제이에듀 2호점의 원장으로 소중한 인재였다. 나는 그가 열심히 일하는 모습을 보면서 돈도 차곡차곡 모아 형편이 괜찮을 거라고 생각했다.

그런데 어느 날 그가 재정의 어려움을 내게 털어놓았다. 학창 시절 내내 학자금 대출을 갚았고, 그 후에도 여러 문제가 생겨 제2, 제3금융권에 손을 벌린 상태라고 했다. 나는 회사의 성장과 매출에 관심을 쏟느라 이런 사정을 전혀 몰랐다. 후배의 이야기를 듣고 나니 마음에 부담이 밀려왔다.

당시 나도 수익의 90퍼센트를 재투자하며 사업을 키워가느라 수중에 여윳돈이 없었다. 그래도 부담이 가시지 않아서 그에게 물었다.

"그럼 지금까지 진 빚이 어느 정도야?"

"5천만 원 정도요."

나는 그 자리에서 내 통장을 확인했다. 현금으로 가동할 수 있는 전 재산이 딱 5천만 원 정도 있었다. 주님의 사인임을 직감했지만 우선 집에 돌아와 아내와 상의했다.

"여보, 사업 초기부터 나랑 함께 일한 그 친구 알지? 오늘 이야기해보니까 1,2,3금융권에서 대출받은 돈이 5천만 원 정도인데 이자도 상당히 높은가 봐.

딱한 사정을 듣는데 하나님이 그 돈을 빌려주라고 하시는 것 같았어. 나 혼자 결정할 수 없으니 당신도 기도해보고 같은 마음을 받으면 그렇게 하자."

우리는 이야기를 마치고 각자 기도했다. 아내가 잠시 후에 내게 와서 말했다.

"하나님이 내게도 같은 감동을 주셨어. 그리고 하나님이 당신에게 말씀하셨다면 맞을 거야. 나는 당신을 신뢰해."

우리는 통장 잔고 전부를 후배에게 무이자로 빌려주었다. 대신 금융권 빚을 상환하고, 급여 중 십일조와 최소한의 생활비를 제외한 수입의 절반으로 매달 돈을 갚도록 했다. 이는 빌려준 돈을 빨리 받기 위해서가 아니라 그가 하루빨리 빚으로부터 자유로워지길 바라서였다.

사실 처음부터 돌려받지 못해도 괜찮다는 생각으로 건넨 돈이었다. 후배는 거듭 고마움을 표하며 열심히 일했고, 약 1년 반 만에 전부 갚았다.

하나님께서 이 일을 너무나 기뻐하고 계심이 느껴졌다. 이

때부터 나는 직원들의 재정 상황을 살펴보고 최대 2천만 원까지 무이자로 빌려주었다. 단, 지출을 줄이기로 결단하고 매달 수입의 절반 이상을 갚아나갈 각오가 있는 직원에 한했다.

지금까지 직원 20-30명 정도가 이 방법으로 빚을 갚았다. 그들은 빚의 무게에서 해방됨과 동시에 과도한 대출 이자를 해결하고, 새로운 재정원칙을 확립했다. 수개월 동안 월급의 반 이상을 상환하면서 절약하는 생활 습관과 합리적인 소비 습관을 스스로 터득했다. 나는 그들에게 이자의 무게라도 덜어주기 위해 이 일을 시작했는데, 하나님은 그 이상의 선물을 허락하셨다.

수년간 직원들의 채무 상환을 소소하게 도왔는데 2020년 초, 하나님은 내게 더 큰 제안을 하셨다. 바로 1천여 명의 직원을 대상으로 이 일을 진행하는 거였다. 이른바 '무이자 대출 갚기 프로젝트.' 최대 액수는 2천만 원, 대상은 2년 이상 근무한 직원에 한하되 매달 급여의 절반을 상환할 각오가 있는 사람이었다.

회사 창립 기념일에 이 프로젝트를 공표하고 신청을 받았다. 고민하는 직원들이 있는가 하면, 무이자 혜택을 받고 소비 습관을 개선하고자 도전하는 이들도 있었다. 나는 이 프로젝트를 통해 많은 직원이 물질의 노예가 아닌 청지기로서 삶을 주체적으로 꾸려가길 소망했다.

요즘 많은 젊은이가 미래를 보지 않고 살아간다. 그 결과 '욜로'라는 말이 나왔고, '저축'은 꼰대들의 구시대적인 용어로 전락했다. 반면 미래에 대한 불안감으로 수단 방법 가리지 않는 '영끌러'들이 속출했지만, 이들 역시 만만찮은 이자와 죽기 살기로 전쟁을 치르고 있다. 설상가상 코로나 팬데믹까지 겹쳐 그 어느 때보다 지갑을 꽁꽁 걸어 잠근 상태다.

그러나 하나님나라의 재정원칙은 시대와 세대, 상황과 환경을 초월하여 운행한다. 시대가 어렵고 세대가 악해도 만물의 주인이신 주님이 세상을 다스리심을 믿어야 한다. 무이자 대출 갚기 프로젝트도 이 믿음에 기반하여 시작되었다.

내가 주릴 때에 너희가 먹을 것을 주었고

목마를 때에 마시게 하였고

나그네 되었을 때에 영접하였고 헐벗었을 때에 옷을 입혔고

병들었을 때에 돌보았고 옥에 갇혔을 때에 와서 보았느니라

… 내가 진실로 너희에게 이르노니

너희가 여기 내 형제 중에 지극히 작은 자 하나에게 한 것이

곧 내게 한 것이니라 하시고

마 25:35,36,40

"지극히 작은 자에게 한 것이 곧 내게 한 것이니라."

나는 이 말씀을 지표 삼아 살아왔다. 수천 명의 해외 아동을 후원하고, 선교사 숙소를 짓고, 드림스쿨을 건립하고, 교회에도 재정을 흘려보냈다. 하지만 정작 내 곁에 있는 사람에게는 소홀했다. 주님이 이를 깨닫게 해주셨고, 나는 이 프로젝트를 계기로 주변을 더 살피게 되었다.

하나님은 크고 굵직한 일에 커다란 액수를 흘려보내라고 하지 않으셨다. 그분은 지극히 작은 자를 섬기는 손길 하나하나를 전부 기억하신다.

한탕주의에서 벗어나라

사업을 할 때 가장 중요한 자세가 바로 '중용'이다. 중용의 사전적 의미는 '지나치거나 모자라지 아니하고 한쪽으로 치우치지도 아니한, 떳떳하며 변함이 없는 상태나 정도'이다. 반면 가장 경계해야 하는 태도는 인생 역전을 꿈꾸며 무모하게 '풀 베팅'(full betting)하는 한탕주의와 잃을 게 두려워 아무것도 하지 않는 지나친 안정주의다.

우리 회사가 빠르게 성장할 수 있었던 비결은 지나치게 안정을 추구하지도, 무모한 도전을 강행하지도 않았기 때문이다. 중용을 지킨 것이다. 사업에 실패한 사람들을 보면 대부분 이를 지키지 못했다. 가장 대표적인 예가 사업 초기에 회사가 잘될 것을 가정하여 핑크빛 예산을 세우는 경우다.

'제품이 이만큼 팔릴 거니까 마케팅 및 브랜딩 직원을 채용해야겠다.'

'이 사업은 대박 날 거니까 전국에 점포를 내야겠다.'

그렇게 구색을 다 맞춰서 시작했다가 제품이 단 한 개도 팔리지 않으면 어떻게 할 건지는 생각하지 않는다.

요즘 젊은 사업가 중에 예산 관리를 철저히 하여 중용을 지키기보다 투자받기에 급급한 이들이 많다. 심한 경우, 투자받은 돈으로 사업을 크게 벌이고 돈이 떨어지면 다시 투자를 받으며 수익을 낼 생각보다 기업 규모를 키우는 데 집중한다. 투자자들에게는 어느 시점까지 수익이 날 거라고 당당히 말하지만 구체적인 계획은 없다.

그다음 투자가 들어오지 않으면 그 회사와 투자자는 함께 망한다. 이런 사업 방식은 정말 위험하다. 투자받은 돈은 내 돈이 아니다. 남의 돈을 무책임하게 쓰면 안 된다.

그래서 나는 오직 수익으로만 재투자했다. 하루아침에 모든 게 망해도 문제없는 선에서 예산을 확보하며 꾸준히 회사 가치를 키웠다. 한창 학원을 전국 곳곳에 세워갈 때 주변에서는 무모하게 사업을 확장한다며 걱정했지만 나는 그 순간에도 중용을 지키고 있었다.

대출을 1원도 받지 않았고, 당장 수강생이 다 나간다 해도 사업을 정리할 수 있을 만큼의 회사 유보금이 있었다. 늘 최악의 상황을 염두에 두고 중용을 지키며 사업을 확장했기에 안전했다.

자본이 넉넉한 지금도 신규 브랜드를 론칭하거나 사업을 확장할 때 예산을 함부로 사용하지 않는다. 새로운 학원 모델을 만들 때도 먼저 파일럿 모델 한두 개를 진출시킨 후 결과물을 보고 다음을 계획한다. 막연히 잘될 거라는 기대로 무리하게 투자받아 무한정 확장하지 않는다.

요식업을 했어도 마찬가지다. 최소한의 비용으로 점포를 몇 군데 내보고 상품의 경쟁력을 확인한 후에 조금씩 확장해나가거나 무리 없이 접었을 것이다.

중용 원칙은 재정을 운영하는 중심축이다. 사업이 어렵다고 말하는 사람은 한탕주의이거나 안정주의일 경우가 많다. 특히 '지나친 안정주의자'는 한 달란트를 땅에 묻었다가 주인에게 책망받은 종과 같다. 재정을 지혜롭게 쓰지도, 흘려보내지도 않는 자를 주님은 "게으르고 악하다"라고 꾸짖으신다.

초반부터 있는 힘껏 대출을 받아 꾸미고 확장하는 풀 베팅도, 한 방에 대박 나기를 기대하는 한탕주의도 철저히 지양해야 한다. 마찬가지로 아무것도 도전하지 않고 안주하는 안정주의에 빠져서도 안 된다.

지혜롭고 충직한 청지기는 주인의 재산으로 도박을 하지도, 썩히지도 않는다. 오직 선한 동기를 품고 주인의 뜻대로 결실을 맺는다.

남의 재정이 아닌
내 재정에 집중하라

평소 우리는 누군가가 돈을 벌었다는 이야기를 사방에서 듣는다. 어디에 집을 샀더니 집값이 몇 배가 됐다, 어느 지역 땅이 요새 금덩이다, 그 주식이 '화제주'(증권시장에 큰 영향을 주는 일이 발생할 때 이런 현상에 따라 움직이는 종목군)로 선정돼서 몇십 배가 올랐다, 아무개가 회사에서 '스톡옵션'(기업이 임직원에게 일정 수량 자기 회사의 주식을 일정한 가격으로 매수할 수 있는 권리를 부여하는 제도)을 받았는데 수십억 부자가 됐다 등등 남이 돈 번 이야기를 쉴 새 없이 듣는다. 그때 마음 한구석에 드는 생각이 있다.

'나도 그 주식을 사볼까?'

'나도 대출받아서 그 땅에 투자해볼까?'

그러나 고민은 실행으로 이어지지 못하고 늘 같은 결말을 맺는다.

'그때 그 땅을 살걸….'

'그때 그 주식을 살걸….'

혹은 과감히 실행에 옮기고 나서, '이걸 내가 왜 샀지?', '왜 무리하게 이런 일을 저질렀지?' 하며 후회한다. 내게도 이런 유혹이 무척 많았다.

"현 원장님~ 요새는 학원으로 돈 못 벌어요. 건물을 사서 부동산을 해야 해요. 학원을 하려고 사놓은 상가들 있죠? 나중에 다 황금알을 낳는 투자예요. 학원은 망할 수도 있잖아요. 하지만 땅은 절대 안 망해요. 맥도날드가 어떻게 성공했는데요. 햄버거 사업이 아니라 부동산 사업이에요.

인식을 바꿀 필요가 있어요. 원장님이 나중에 망했을 때를 대비해서 회사 유보금을 쌓아둔다고 했는데, 은행에 넣어봤자 이자가 1,2퍼센트밖에 안 나와요. 요새 그런 바보 같은 짓을 누가 해요?"

나는 이런 말을 수없이 들었다. 처음엔 솔깃했는데 지금은 너무 많이 들어서 그 레퍼토리를 외울 지경이다. 그래도 가끔 마음이 흔들릴 때면 스스로 되뇐다.

'남의 재정이 아닌 내 재정에 집중하자!'

내 재정에 집중하는 삶은 본업에 투자하는 삶이며 가장 안전한 길이다. 남의 말에 아무리 솔깃해도 위험한 투자가 아닌 안전한 투자를 택해야 한다. 많은 이가 자기만의 안전한 투자를 말한다.

"요새는 부동산이 가장 안전해요."

"지금 같은 때에는 주식이 제일 안전해요."

"금이야말로 안전자산이에요."

"80, 90년대나 사업으로 성공했지, 지금은 여윳돈으로 사업하는 게 가장 무모해요."

그러나 세상의 수만 가지 투자법을 제치고 가장 안전한 투자는 하나님이 '내게' 맡기신 분야에 충실한 것이다. 사람들은 부동산, 주식, 사업, 그 외 여러 방법으로 돈을 번다. 방법은 다르지만 누구나 주 종목이 있다. 우사인 볼트가 수영을 육상만큼 잘할 수 있을까. 반대로 마이클 펠프스가 육상으로 메달을 딸 수 있을까.

이렇듯 내 주 종목, 곧 하나님이 맡기신 사명은 학생에게 영어를 가르치고 하나님을 전하며, 교육 사업을 확장해가는 것이다. 월세방에서 시작한 작은 학원이 수천억 가치의 기업이 되기까지 나는 다른 분야에서 더 큰 수익과 성장을 이룬 이들을 부러워하지 않고 꿋꿋이 청지기 재정원칙을 지켜왔다.

그들은 그들대로, 나는 나대로 하나님께서 예비하신 길이 있다고 믿었다. 만일 두 달란트 받은 사람이 다섯 달란트 받은 사람의 재정을 부러워만 하고 아무것도 하지 않았다면, 두 달란트를 네 달란트로 만들 수 있었을까. 주인에게 칭찬받을 수 있었을까.

우리 회사는 2020년 기준으로 전국에 85개의 분원을 운영하고 있다. 그중 한 곳을 제외하고는 다 월세를 낸다. 그 한 곳도 처음에는 임대로 입주했는데, 학원을 확장할 때 매매가 조건이어서 하는 수 없이 매입했다.

이처럼 부동산 수익을 넘보지 않는 것도 첫째는 내 주 종목이 아니며, 둘째는 내 사명과 관계없기 때문이다. 부동산 살 돈으로 콘텐츠 연구와 개발에 힘써서 본질에 부합하는 가치를 창출하고 사업을 확장하는 게 훨씬 생산적이라고 생각한다.

우리는 본업을 통해 가장 안전한 투자를 할 수 있다. 남들이 뭐라 해도 내 주 종목은 내가 잘 안다. 아무리 위험성이 커도 내 본업에 투자하는 것만큼 자신 있고 안정적인 게 없다. 또 아무리 대박이 난다고 장담해도 본업이 아니면 그만큼 불안한 투자가 없다.

남이 번 돈에 집착하지 말자. 그건 그의 전문 분야에서 번 돈일 뿐 나와 상관없다. 하나님이 내게 주신 물질과 재능, 시간에 집중하자. 이미 받은 것에 감사하며 본업을 충실히 일궈나갈 때 더 큰 복을 부어주실 것이다.

위 일곱 가지 재정원칙이 충성된 청지기의 밑거름이다. 하나님이 주신 달란트를 썩히지 않고 발전시키며 훗날 그분 앞에 설 날을 그려본다. 그분의 포근하고 나지막한 음성을 기대하며 말이다.

"착하고 충성된 종아, 잘하였도다."

믿음으로
직진하다

하나님은 세상에 없는 방법으로
지금까지 나를 인도하셨다.
스타강사는 누구나 아는 길이다.
하지만 하나님은 '내가 너를 인도했다'라는
확증을 주시기 위해 특별한 방법으로 인도하셨다.
아무도 가지 않은 길을 개척하게 하셨다.

하나님은 이스라엘 백성이
세상을 뛰어넘길 바라셨다.

눈에 보이는 왕이 없어도

하나님만 바라보는 대범한 나라,

여호와의 군대를 의지하는

부강한 나라가 되길 바라셨다.

하지만 이스라엘 백성은 끝내 인간을 왕으로 세웠고,

그 결과는 참담했다.

나도 이스라엘 백성과 같았다.

내 머리에서 나온 그림은

고작 유명한 인터넷 강사가 되는 거였다.

하나님의 큰 그림에 비하면 참으로 보잘것없었다.

청소년들과 꿈에 대해 이야기를 나눈 적이 있다.

많은 아이들이 꿈을 '직업'에 국한했다.

나는 그들에게 말했다.

"어떤 직업을 갖는지는 그리 중요하지 않아.

하나님은 너희가 그분과 얼마나 동행하는지에
관심이 많으셔!"

다윗은 왕이라는 직위를 꿈꾸지 않았다.
그런데 하나님이 강권적으로 왕좌에 앉히셨고,
그는 순종했다.
다윗은 뚜렷한 직위나 특정 직업을 좇지 않았다.
주어진 자리에서 날마다 주님과 동행했다.
그러던 어느 날, 하나님이 그를 왕으로 만들어주셨다.

꿈꾸지 말라는 게 아니다.
꿈이 소용없다는 것도 아니다.
구체적인 장래 희망보다 더 중요한 건
내 중심이 하나님을 향해 올곧게 서있는 것이다.
하나님은 직업뿐 아니라 부(富), 명예, 권력, 영향력 등
다양한 방법으로 일하신다.

'나는 꼭 의사가 될 거야',
'나는 스튜어디스가 될 거야'라며
하나님이 일하실 가능성을 제한하면 안 된다.
우리가 점검할 건 따로 있다.

'나는 지금 하나님과 어떤 관계를 맺고 있는가?'
'내가 하는 일에 얼마나 최선을 다하고 있는가?'

다윗이 골리앗을 쓰러뜨린 건 그저 운이 아니었다.
분명 하나님이 도우셨지만
그동안 다윗이 목동으로서 곰과 늑대를 잡으면서
꾸준히 훈련해왔기에 거대한 싸움꾼을 이길 수 있었다.

내게 주어진 삶을 최선을 다해 살아낼 때,
하나님께서 역사하신다.
내 인생의 작은 점들을 절묘하게 이어서 사용하신다.

뭐 하나 버릴 것 없이
하나님나라를 이루는 모퉁잇돌이 되게 하신다.

내 나이 36세,
얼마든지 새로운 걸 시도해볼 나이에
경영 일선에서 은퇴했다.
어릴 때는 선교사나 목사가 되고 싶었고,
재수할 때부터 스타강사를 꿈꾸며 달렸지만
한 번도 내가 그려온 대로 이뤄지지 않았다.
천성이 계획적이어서 매사에 계획을 세우지만
한 번도 그대로 실현되지 않았다.

하나님은 내 상상을 뛰어넘어
새 길로 놀랍고 특별하게 인도하셨다.
내 삶은 전적으로 '그분'의 계획대로 흘러왔다.

돌아보니 '내'가 사라진 자리에 '그분'이 가득했다.

하나님의 큰 그림에서 직업은 얼마든지 바뀔 수 있다.

나는 그저 그분이 그려가시는 대로 나를 맡기고,

그분과 친밀하게 대화하며 정직하게 살아가면 된다.

스타강사를 꿈꾼 지 16년이 지났다.

앞으로 16년 뒤의 내 삶은 또 어떤 모습일까?

물론 열정과 에너지를 쏟아 계속 전진하겠지만

하나님의 이끄심보다 앞서지 않을 것이다.

그때도 아마 지금 꿈꾸는 것과는 또 다른 모습이 되어

같은 고백을 하고 있을지 모른다.

아니, 아마 그럴 것이다.

누군가 내게

"하나님이 지금 네가 누리는 모든 걸

내려놓으라고 하시면 어떻게 할 거냐?"라고 묻는다면

기꺼이 내려놓을 거라고 말할 것이다.

잠깐 주어진 세상의 부귀영화보다
영원히 함께할 그분과의 사랑의 관계가
중요하기 때문이다.

나는 지금 돈, 명예, 지위를 다 누리고 산다.
그래서 다시 한번 고백한다.

"주님, 당신이 함께하시지 않으면
이 모든 건 홀연히 사라지는 신기루와 같습니다.
당신이 역사하시지 않으면
모든 노력과 열정도 부질없고 헛됩니다.
제 삶의 끝날까지 저와 함께해주세요."

오늘도 하나님께 시선을 고정한다.
세상에 잠시 쏠려있던 마음의 중심을 그분께로 맞춘다.
그리고 그분이 행하실 새 일을 기대한다.

이 책의 후속편을 낸다면

그때도 이렇게 고백할 것이다.

"열정적으로 도전하고 계획하고

미래를 그리며 살았지만

하나님께서는 내 모든 것을 뛰어넘어

인도하셨습니다!"

네 마음이 어디 있느냐

초판　1쇄 발행　2021년 2월 16일
초판 20쇄 발행　2025년 4월　7일

지은이　　현승원

펴낸이　　여진구
책임편집　김아진 정아혜
편집　　　이영주 박소영 최현수 구주은 안수경 김도연
책임디자인　조은혜 노지현 | 마영애 정은혜
기획·홍보　진효지
마케팅　　김상순 강성민　　　　　　마케팅지원　최영배 정나영
제작　　　조영석 허병용　　　　　　경영지원　　김혜경 김경희

303비전성경암송학교 유니게과정
이슬비전도학교 / 303비전성경암송학교 / 303비전꿈나무장학회

펴낸곳　　규장

주소　06770 서울시 서초구 매헌로 16길 20(양재2동) 규장선교센터
전화　02)578-0003　팩스　02)578-7332
이메일　kyujang0691@gmail.com　　　홈페이지　www.kyujang.com
페이스북　facebook.com/kyujangbook　　인스타그램　instagram.com/kyujang_com
카카오스토리　story.kakao.com/kyujangbook
등록일　1978.8.14. 제1-22

ⓒ 저자와의 협약 아래 인지는 생략되었습니다.
이 출판물은 저작권법에 의해 보호를 받는 저작물이므로 무단 전재와 무단 복제를 할 수 없습니다.

책값　뒤표지에 있습니다.
ISBN 979-11-6504-184-7 03230

규 | 장 | 수 | 칙

1. 기도로 기획하고 기도로 제작한다.
2. 오직 그리스도의 성품을 사모하는 독자가 원하고 필요로 하는 책만을 출판한다.
3. 한 활자 한 문장에 온 정성을 쏟는다.
4. 성실과 정확을 생명으로 삼고 일한다.
5. 긍정적이며 적극적인 신앙과 신행일치에의 안내자의 사명을 다한다.
6. 충고와 조언을 항상 감사로 경청한다.
7. 지상목표는 문서선교에 있다.

하나님을 사랑하는 자 곧 그의 뜻대로 부르심을 입은 자들에게는 모든 것이 合力하여 善을 이루느니라(롬 8:28)

규장은 문서를 통해 복음전파와 신앙교육에 주력하는 국제적 출판사들의
협의체인 복음주의출판협회(E.C.P.A:Evangelical Christian Publishers
Association)의 출판정신에 동참하는 회원(Associate Member)입니다.